U0595947

重构
软装行业
盈利新模式

龙 涛　编著

易配者软装学院
易配大师网　策划

江苏人民出版社

图书在版编目（CIP）数据

重构软装行业盈利新模式 / 龙涛编著 . -- 南京 : 江
苏人民出版社 , 2020.9
　ISBN 978-7-214-25344-6

　Ⅰ . ①重… Ⅱ . ①龙… Ⅲ . ①互联网络—应用—室内
装饰设计—营销模式—研究 Ⅳ . ① F407.915-39

　中国版本图书馆 CIP 数据核字 (2020) 第 148973 号

书　　　名	**重构软装行业盈利新模式**
编 著 者	龙　涛
项 目 策 划	凤凰空间／翟永梅
责 任 编 辑	刘　焱
特 约 编 辑	翟永梅　都　健
出 版 发 行	江苏人民出版社
出版社地址	南京市湖南路1号A楼，邮编：210009
出版社网址	http://www.jspph.com
总 经 销	天津凤凰空间文化传媒有限公司
总经销网址	http://www.ifengspace.cn
印　　　刷	河北京平诚乾印刷有限公司
开　　　本	710 mm×1000 mm　1/16
印　　　张	11
版　　　次	2020年9月第1版　2020年9月第1次印刷
标 准 书 号	ISBN 978-7-214-25344-6
定　　　价	58.00元

（江苏人民出版社图书凡印装错误可向承印厂调换）

前 言 | 软装行业转型，切不可简单复制以前的成功经验

本书终于问世了，这是我在软装行业历经 12 年的磨难，结合互联网行业实战经验取得的可喜成绩的结晶。

2008 年，我在浙江做装修设计，一次偶然的机会了解到"软装设计"这个概念。我觉得未来一定是软装的时代，于是开始了我的软装从业梦。经过几个月的寻找，我终于找到了北京的一家软装设计培训机构。于是，我在 2009 年初辞职，贷款 1 万元来到北京学习软装设计。无奈的是，现实总是比想象的骨感，学习结束以后，我竟然发现，北京没有软装公司，找不到软装设计工作，怎么办呢？

我与同期的同学在北京开了一家软装公司。虽然名义上是跟他们一起开软装公司，但是我就是一个小职员。所幸的是，除了业务和采购我没有直接参与外，整个软装公司的其他工作都是我干。经过一年多，我摸清了整个软装的体系和公司体系，遇到了软装公司面临的所有问题。我发现，如果这样一直干下去，我们会陷入困境，而这困境在所有软装公司都存在。到现在为止，10 多年过去了，为什么没有一家能让大家耳熟能详的软装公司呢？因为它们被某些原因限制了，无论如何努力，都没有办法发展壮大。

2010 年，我有了一个新的构想：既然互联网是趋势，也许可以做一个汇集软装产品供应商、软装设计公司、软装设计师、软装项目招投标、软装教育培训的互联网平台。

于是，我花了 30 多万元，建立了当时我国第一家软装专业交易平台。运行 6 个月后，我发现，在当时的市场情况下，我根本做不起来，因此果断关闭了这个平台，开始思考。软装行业的痛点必须要逐一解决，平台虽然能解决大部分的痛点，但是行业的发展阶段不对。

因此，到了 2012 年，我开始调整策略，正式进军软装培训市场。走到今天，我们已经成为国内 O2O 软装培训的领跑者，全国线上线下学员接近 40 万人。这个时候你可能会想，虽然软装培训已经成功，但是其他的呢？是的，最近几年我发现，很多人意识到软装的前景以后，开始转型做软装，但是成功者屈指可数，为什么呢？

因为他们是把当初在其他行业的成功经验复制到软装行业，而这就变成了一个巨大的陷阱，当初的成功经验在软装行业根本行不通，所以很多人亏了很多钱。因此，我决定把我 12 年的实战研究成果分享给大家，希望大家少走弯路。请你认真研读本书所分享的实战经验，我坚信，它一定能帮你找到软装行业盈利的新模式。

温馨提示：为了方便理解，本书各小节都配有讲解视频，关注下方公众号，即可获取更多配套视频教程。

扫描二维码，关注微信公众号

编著者

2020 年 8 月

目 录

第1章 重构软装行业新商业模式

第2章 重构软装行业新盈利思维

第3章　重构软装行业新盈利模式

第4章　重构软装行业新业务模式

第 5 章　重构软装行业新职业技能模式

第 6 章　重构软装行业谈单新布局

第 7 章　重构软装行业实体店发展新模式

第 **1** 章

重构软装行业新商业模式

新时代背景下软装行业新盈利模型

管理学大师彼得·德鲁克说过，当今企业之间的竞争，不是产品和服务之间的竞争，而是商业模式之间的竞争。

我国的消费市场经历了**产品稀缺、产品饱和、产品过剩 3 个阶段。**在产品稀缺的时代，企业只需要**降低成本、提高收入，就能实现利润最大化。**

但是，当所有的企业都用同样的方法，做同一行业的时候，就开始抢占同一批客户，结果就让整个行业**从暴利时代过渡到微利时代，最后进入无利时代。**

所以，你会发现，当下的企业虽然规模越来越大，但流动资金越来越紧缺，以至不断陷入**收入、成本、利润、投资**的恶性循环。很多家居、建材行业的商家，门店规模扩大了，赚的钱还没有创业的时候多，为什么呢？这就是传统企业盈利模式带来的影响。

那么，如何在软装行业取得新的突破呢？我经过在软装行业 12 年的实战研究，总结出一个 2020 年以后的软装行业盈利模型，只要按照这个模型进行新的布局，就能轻松抓住新的暴利期。如下图所示。

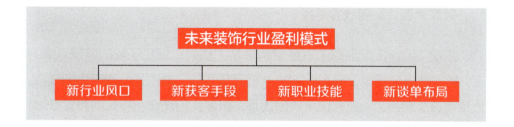

这个模型分为如下 4 大板块。

第一大板块：新行业风口。

当一个行业进入微利或者无利期的时候，我们要想像暴利期那样盈利是不可能的。这个时候我们面临两个选择，要么放弃不做，要么转型升级。对于家居、建材行业的从业者来说，最好的方式就是转型升级。

那么，家居、建材行业的新风口在哪里呢？

2020 年，我们经历了不平凡的一年，每一个人都在家"闭关"了 1 个多月，让我们对家有了新的要求。家除了应满足功能需要，舒适度也尤为重要。特别是在 2020 年，国家出台了取消毛坯房出售的政策，更是加速了家居、建材行业的转型，也加速了**软装时代**的到来。而家居、建材行业的新风口就是**软装时代**。

1 **2020年交房必须是精装修**

1、2017年，《建筑业发展"十三五"规划》已经明确要求，到2020年新开工全装修成品住宅面积达到30%。

2、在党中央的领导下，各个地方已经出台了房屋"精装修"政策，其中明确提出全装修覆盖率，努力提高全装修渗透率，加快入住速度，为全面建设小康社会而努力。

3、每个地域所出台的政策有所不同，如辽宁省要求2020年底，全省新建住宅中全装修面积比例不低于50%；山东省要求新建高层、小高层住宅2018年全装修覆盖率100%；江苏省要求一半以上新房以成品房交付。

4、根据以上政策可知，很多一线城市都将在2020年实现精装修商品房出售，这是未来的趋势，从一定程度上加快了都市生活节奏，有利于经济发展。

收起 ⌃

第二大板块：新获客手段。

2020 年，传统坐商的生意受到了很大影响，催生了新的营销获客方式。网上直播带货成为许多企业唯一的营销手段，特别是 5G 时代的到来，更是加速了新工具、新营销手段的出现。如果我们还在用传统的方式获客，终将被淘汰。

第三大板块：新职业技能。

以前我们卖产品很简单，只需要找一个好的位置，开业就开始盈利。但是现在你会发现，即使位置好，也不一定生意好。一方面是由于很多客户根本不来实体店了，另一方面是由于客户要求越来越高，我们不论是销售家具，还是窗帘、壁布，都需要给客户提供专业的搭配服务。所以，现在整个软装行业都在学习新的从业技能，而软装搭配设计服务变成每一个软装行业从业者的基本技能。

综上，不是生意越来越难做了，而是专业的人越来越多了，你必须适应新形势、新要求才能存活、盈利。

第四大板块：新谈单布局。

以前只有线下的时候，谈单比较容易。但是，当时代发生改变以后，我们需要做线上、线下的综合谈单布局。通过线上、线下的工具进行包装，快速提高客户信任度，实现成交。而新谈单布局就是一套包装手法（先交朋友后做生意）。

这 4 大板块又要如何操作呢？

在后面的章节中，我会详细讲解。当你认真看完本书，并且细细品味的时候，一定会茅塞顿开，找到属于自己的盈利新模式。

正确的商业模式才能成就企业的基业长青

我国的商业经济已经进入资源融合的时代。商界所有的**"高手过招"**，不是体现在**经营管理的具体细节**上，而是体现在企业的文化底蕴、战略布局和管理者的格局等层面。

企业老板必须有深刻洞察整个行业市场发展趋势的能力，才能把握时代的脉搏，掌握新时代背景下的商机。

特别是最近几年，我发现一个新的商业替代旧的商业的周期大幅度缩短，从以前的 10 年变成了现在的 5 年，甚至更短。因此对于企业来说，能否把握未来尤为重要。谁能预测和感知未来，谁就能在行业内独占一隅。

现今，我国软装市场已经由**产品短缺**时期过渡到**产品饱和**时期，甚至马上进入**产品过剩**时期；企业的利润也从**暴利期**过渡到**微利期**，甚至很多企业已经面临**无利期**。然而，盈利是每一个企业主要实现的目标，所有企业经营者思考最多的是如何提高收入、扩大规模，实现利润的增长。

事实上，在你加大了资本投入、增加大量成本的时候，并没有真正实现利润的倍增，也没有找到从这种传统路径中突围的方法。特别是随着互联网时代的到来，在未来的一段时间里，无数传统企业商业模式将会被颠覆，也就导致了很多企业经营者发现，生意越来越难做，盈利越来越难了。

俗话说**"男怕入错行，女怕嫁错郎"**。做企业也同样如此，我们面临如何做**"选择题"**的问题。过去，我们更多用**"你选择做了哪个行业"**来判断当前行业是否能盈利，但是市场结果告诉我们，并不是选对了某个行业，就一定能盈利。其实，比选择行业更重要的是**"选择什么样的商业模式"**。

比如，你起初选择了家居、建材行业，接着选择了做木地板这个产品，又选择了某一个品牌的木地板加盟。然后，身边的亲戚朋友看到你盈利了，越来越多的人加入进来，导致竞争加剧。结果，大家都没有生意可做，没有利润可以赚，或者利润越来越低，如下图所示。

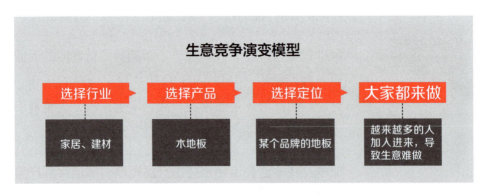

然而，对于当下的企业来讲，比盈利更重要的是找到什么样的盈利方式。如果你的企业想要更好、更持久地盈利，用传统的方式，只会让你越做越累，并且赚不到钱。

所以，重构你的商业模式，不仅关乎企业在新形势下的发展，还面临着二次创业的突围。

我想你应该发现，当今的市场环境已经从紊乱逐渐走向规范，企业的竞争已经从**产品竞争、品牌竞争、服务竞争、资源竞争发展到商业模式的**

竞争。在战略与执行之间，商业模式作为企业经营的指导方针，是企业参与市场竞争的核心。

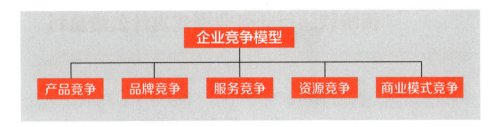

那么，到底什么是商业模式呢？

简单地说，就是**企业通过什么样的方式来实现更好的盈利**。企业家与小老板之间的最大区别在于，如何思考并应用商业模式去盈利。

比如，我是做软装设计师培训的，如今，我们已经做了 6 年，做成了线上、线下相结合的软装教育平台。但是，了解的人都知道，虽然我们的教学质量很高，但培训价格很低。那么，我们是如何通过软装培训盈利，生存到现在并不断发展壮大的呢？

主要原因是我只把培训当成入口，我们价格最低的线上直播课程学习 18 天只收 199 元，线下 4 天 4 夜的课程最低才 1000 元。并且，对于线上课程，如果合作伙伴替我们招生的话，我们一分钱不收，所收费用均属于合作伙伴；而对于线下课程，我们只收 20% 的费用。试想一下，如果没有合适的盈利模式，我们如何生存呢？

通过系统商业模式的设置，与我们合作的人越来越多，我们的影响力越来越大，吸引了无数的用户加入，通过后端的供应链资源、项目资源，实现新的收益（所以就有了"易配大师"软装平台）。

现在，你需要思考，在软装行业，你能通过什么样的商业模式实现新的盈利呢？

传统软装行业商业模式为什么难盈利

回顾多年的经商历程，不难发现传统商业模式是以产品为中心，追求利润，紧抓收入和成本。

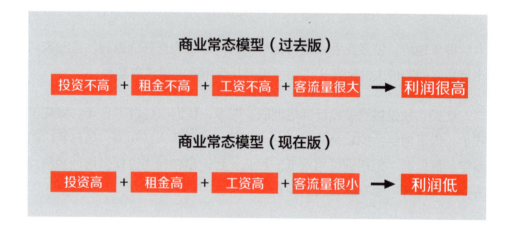

看上面的商业常态模型图，你是不是深有感触？

为什么会有这样的现象呢？

其实每一个行业都会经历一个由成长到衰退的演变过程。我经常用的一个比喻就是，我们每一个行业都会经历春、夏、秋、冬四个季节，当你所在的行业已经处于冬季的时候，就像上图一样到了低利润期，这就是**"行业周期"。**软装行业可分为如下 3 个时期。

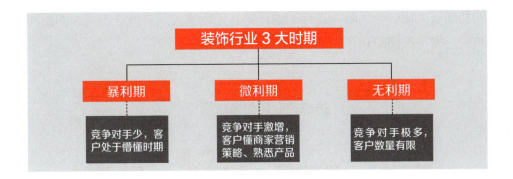

1. 暴利期

暴利期的竞争对手很少，客户购买需求极其旺盛，甚至出现预订等情况。所以，在 10 年以前，进入软装相关行业的从业者和经营者，即使经营管理、营销能力一般，投资很小，也依然能够轻松盈利，甚至获得高额收益。

2. 微利期

当你经营的事业获得高额收益的时候，你周围的**"跟风者"**就已经在不知不觉间到来。上下游竞争对手快速增多，客户可选择性增加，也对你的产品或者服务越来越挑剔，企业成本快速上涨，但是利润在下滑。

3. 无利期

当你发现生意非常难做的时候，这个行业发展到非常成熟的时期了。在这个时期，整个行业的竞争都会白热化，你为了维持市场的竞争力，就会加大管理、营销的投入，导致经营成本激增。

你的竞争对手也是如此，从而演变成一场没有利润的博弈，最后的结果是成本增长，客户数量和利润在大规模下滑，你的企业陷入困境。而这个时候，你又在找更多的产品，或者更好的产品，通过新的产品来实现新的利润最大化，永远陷入这样的循环中。这也是大部分传统生意人的盈利方式，**即"正向盈利"。**

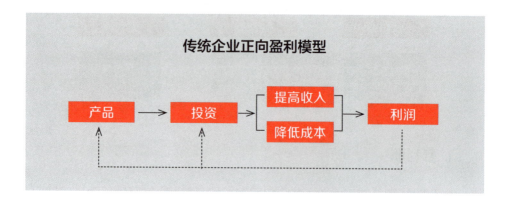

那么，传统企业的正向盈利是如何体现的呢？

比如，投资 200 万元开一个软装门店，年盈利 100 万元，是盈利还是亏钱？

其实，这个现象在软装行业非常常见。例如：张先生用存款或者借来的 200 万元开了一家**家居门店**，他用了 2 个月找地方，用了 3 个月装修店面和上产品。接下来需要思考，如何把这 200 万元赚回来呢？

经过一年的努力经营，他的收入是 300 万元，投入 200 万元，得到了 100 万元的利润。请问**张先生第一年做得如何？**

你是不是觉得很好？因为他今年赚了 100 万元。但事实上，张先生原本有 200 万元，现在却只有 100 万元了。为什么呢？因为 200 万元只是一个投资，如果不经营这个店面，这 200 万元可能一分钱都赚不回来。

第二年，张先生的店还是赚了 300 万元，成本投入还是当时的 200 万元，又赚了 100 万元的利润。请问，张先生盈利了吗？

不算盈利。因为两年的时间过去，赚了 200 万元利润回来，也就是说，张先生此时才把投入的成本赚回来，总结两个字**"白干"**！但是店面还在，对吗？

第三年，张先生的收入还是 300 万元，投资依然是以前的 200 万元，仍然赚了 100 万元的利润。这个时候，你是不是认为很好，因为已经赚到了 300 万元了。事实上，他赚到了一家店及 100 万元。

但是，此时张先生的竞争对手都来了。他为了扩大规模，再开一家分店，装修再升级一下，决定投入 400 万元。那么，还需要另外借款 100 万元。

现在来看一下，这个经历跟你像不像呢？

张先生在没有开店之前，就有 200 万元。但是开店以后，三年的店面经营期间，他投入了很多时间、成本，到最后，店面虽然越来越大，却只剩下店面和欠款了。一旦微利期到来，很多人就会像他这样，感觉生意难做，不盈利了，对吗？

我想，上面的案例就是无数传统老板的真实写照，而传统老板的逻辑就是：

① 做大，使自己资产规模最大化；

② 做强，壮大团队规模。

然而，在不知不觉间，把自己的企业做成了**"重资产＋重运营"**的模式。为什么会这样呢？这是所有的投入都能提高收入的想法导致的，也就是所谓的**"正向盈利"**商业思维引发的负面影响。

那么，正向盈利模式有哪些负面的影响呢？

第一大负面影响：收入提不上去，成本降不下来，利润无法增加。

第二大负面影响：重资产下的企业，资产没有一个可以变现的出口，等到要扩大规模、提升运营质量的时候，这些所谓的资产就会被你无情地**"敲掉"**，一文不值。即使能变现，也只能是**"残值变现"**。

第三大负面影响：投资永远没有尽头。当你一年赚 100 万元的时候，投资就变成 200 万元；当你一年赚 1000 万元的时候，投资就会是 3000 万元。

这就导致了现在的生意越来越难做。

这种正向盈利的方式在暴利期是可行的，但是当前软装行业已经进入微利期和无利期，我们所有门店经营者该何去何从，用什么样的变革才能重振雄风，获得维持企业生存的理论呢？下一节将为你分享。

重构新的商业模式和企业盈利模式

无论是开门店、工厂，还是做软装公司、做批发，如果你还停留在传统正向盈利的**"收入—成本—利润—投资"**的盈利逻辑里，将会发现生意越来越难做，现在你可能正在经历这个艰难的时期。

今天，我们看到很多的神话，比如滴滴、拼多多这些快速做大的公司，它们都没有靠产品盈利（不是说产品不重要，而是比产品更重要的是设计一套能盈利的模式），而是通过其他的渠道获取收益。

比如，"易配大师"不赚软装产品差价，赚的是会员费。

前面讲过，"易配者"一开始的定位，就不是做一家软装培训机构，而是做产业链的整合者。所以，我们的一切布局都是按照全新的模式来做的。最近，我们已经上线了"易配大师"软装平台，这个平台融合了软装产品商家、软装设计师、软装项目发布、软装项目承接等。

我们的平台永远不赚软装产品差价，但又要保证平台的正常运营，所以，我们只收会员费，每年只要一个城市里有 10 ~ 50 位设计师在我们这里采购，我们的现金流就会很大。为什么我们不赚差价呢？因为我深刻地知道，不论我们产品的价格多低，都有比其更低价的产品，只有不赚任何差价，才能让平台上的用户一直在我们这里采购产品。

现实中，根据盈利模式的不同，可以把公司分为以下 3 种类型。

第一种类型：以产品为中心，以追求企业利润最大化为目标，以**"营销提高收入，管理降低成本"**为手段。通过各种营销提高公司的收益，再通过管理来持续不断地降低成本。这种传统公司的盈利道具是产品，比如家居、建材门店等。

第二种类型：不再以产品为中心，而是以模式为中心，追求的不是利润最大化，而是现金流，采用的模式是**"项目组合"**的形式。在这类公司眼中，所有的产品和项目都是道具。

比如，现在有一部分软装公司通过大量的广告，吸引客户交很少的钱，就可以进行装修。这种装修公司就不是以做项目为中心，而是**通过增加流量、建设渠道来盈利。**

第三种类型：以用户为中心，既不追求利润最大化，也不追求现金流最大化，追求的是公司市值最大化。采用**"加大投资和扩大融资"**的方式，以求快速、高效地获取用户。

在这类公司眼中，**"得用户者得天下"**。这类公司又称为**"未来型企业"**，为了获取庞大的用户群，不惜投入重金，比如最近几年比较火的拼多多就是这样快速成长起来的。当然，很多互联网企业都是这种未来型企业。

表面上看，以上 3 种类型的企业盈利的工具不同，而实际上是盈利的逻辑不同。

所有企业存在的基础都是盈利，当行业周期从暴利期过渡到现在的微利期甚至到无利期以后，我们的企业因为缺乏新的商业模式，而导致人力、物力、财力等核心资源无法聚焦到高杠杆作用区域时，你必须想办法将盈利模式从**"正向盈利"转向"逆向盈利"**。

什么是逆向盈利模式呢？

简单说，它是一种能够跨越行业周期，实现连续性盈利、可持续盈利的方式。

比如传统企业的老板是一个产品专家，重点是研究产品，如何把产品制作好和销售好。**新型企业的老板则是模式专家**，通过设计模式盈利。比如加盟代理其实就是一种模式，它卖的不是产品，而是把产品当成道具，卖一种盈利的模式给你。**未来企业的老板，是资本专家和用户体验专家。**

以前做生意的人，总是在研究产品有多好，服务有多好，可以代理什么好商品。但是生意不好，卖不出去。怎么办呢？

这个时候，我们就需要重构一套全新的商业模式来实现盈利。盈利的工具和逻辑也要改变，要从过去的以产品为中心的思维过渡到以模式为中心的思维，即从**"正向盈利"**模式转型到**"逆向盈利"**的模式。

而在未来，最好的模式是靠用户量和渠道来实现盈利。

比如，在前言里介绍过，我做了国内最早的软装服务平台，但是后来为什么要转向做培训呢？

其实做培训的目的就是抓用户。很多接受过我的培训的从业人员，有各种需求，比如软装产品的需求、软装项目的需求等，他们对我们有一定的认知，如果我们承接到项目，让学员跟我们一起做，他们既能得到锻炼，也能够通过我们提供的项目赚到钱。对于我们公司来说，却不用花钱养设计师。我培养的学员在交学费之外，还可以跟我们合作盈利。

那么，我们现在全国有 30 多万学员，几乎涵盖了每一个城市，我们承接的项目可以就近组织学员来做。同时，在全国各地跟我们的学员成立分公司，实现本地化的运营管理，招收学员进行培训。并且，我们在贵州、苏州建立两个大学生教学基地，签约了 150 所艺术高校，高校毕业生免费参加我们为期一个月的软装设计技能培训，培训结束后，我们还免费给他们安排工作。作为软装行业企业管理者的你，是想要聘用经过专业化管理、培训过的学员，还是聘用需要从零培养的员工呢？显然你会选择跟我们合作，为你的企业输送人才。

上面的案例，就是通过**"逆向盈利"**模式来实现的。

传统正向盈利的方式是：**招学生—收学费—盈利。**

逆向盈利的方式是：**别人送学生过来—免费学习—安排工作—别人出钱。**

通过逆向盈利的方式，我们的生源入口就会变大，用户数量增多以后，就可以靠后端来实现盈利，正向盈利的竞争对手就无法跟我们抗衡了。

最后，请你记住，以前我们做生意时，竞争对手都是低段位的，今天的竞争对手已经走到中段位了。要想更好地盈利，你必须走到高段位上来。即从**"以产品为中心，以管理和营销为手段"**的低段位传统正向盈利模式，提高到**"以模式为中心，以融资和招商为手段"**的逆向盈利上来，这样才能让你的企业在市场竞争中获得持续有效的竞争优势。

这个时代，产品已经开始供大于求，稀缺的不是产品，而是把产品卖出去的人。比如，传统门店的生意都是经营者自己把产品卖出去或者招聘员工把产品卖出去，但是如果要颠覆传统模式，用逆向盈利的方式来做的话，应该通过某一个手段，把能帮你卖产品的人聚集过来，让他们通过你的产品赚到钱。

在软装行业，能第一时间接触到客户，并且客户依赖性比较高的人就是设计师。如果你培养了一批设计师帮你卖产品，还用担心产品不好卖吗？

以用户为中心，聚集核心用户，让核心用户为你销售产品，这是我们软装行业的出路，也是我10年前不开软装公司，转型做平台和做软装培训的最本质的原因。

总而言之，软装行业的红利期已经过去，市场已经转型。要想获取新的红利机会，必须重构盈利模式，相当于二次创业。走对路，会一马平川；走错路，你就会把之前赚到的钱成倍地送给后面超越你的人。

第 2 章

重构软装行业
新盈利思维

新时代企业必须具备的盈利思维模型

在过去，大多数企业及门店盈利的思维基本就是正向盈利，所有人都围绕着收入、成本、利润、投资 4 个方面下功夫。

但是，当所有的企业都在围绕这个方式去经营自己的生意时，这个生意就没有办法继续做下去了。因此，如果我们还想继续盈利，就不能用正向盈利的思维，而是要用逆向盈利的思维。下面，我以逆向盈利为出发点，为你提炼出了逆向盈利的 4 大思维。

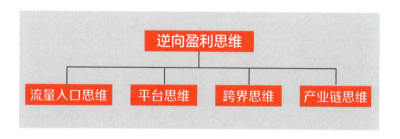

那么，正向盈利思维与逆向盈利思维之间的区别是什么呢？

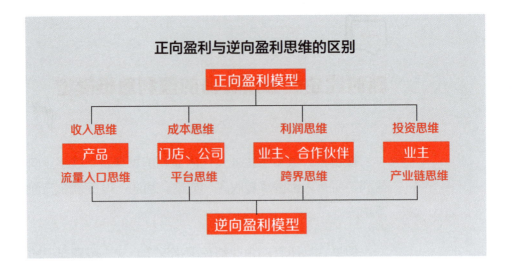

从上面的模型可以看出它们之间的不同。如果你渴望在新时代继续生存并且发展壮大，就需要重构你的企业盈利模式，一切重新出发。

重构软装行业新思维之流量入口思维

1. 收入思维

对于软装行业的从业者来说，利润低、赚不到钱的原因主要有 3 个：

客流量少，客单价低，客人来的次数更少。

如果店面一年的租金是 100 万元，而另一个店面的租金是 10 万元，但 100 万元的店面供不应求，10 万元租金的租不出去，它们的区别在哪里呢？其实就是客流量的问题，租大店面的目的就是获取更多的客流量，这也是大部分企业经营者的正常思维。

通常情况下，收入减掉成本等于利润，当企业利润丰厚的时候，我们的企业就**会加大投资，扩大规模，再加大投资，再扩大规模……让企业变大、变强**，赚更多的利润。但是，正是因为大多数企业经营者是这样的思维逻辑，所以今天的生意越发难做。

2. 流量思维

如果你想在今后更好地经营生意，必须具备流量入口思维。从 2020 年的情况，大家可以清晰地认知到，未来的客户都在互联网上，我们需要通过互联网来获客。你的潜在客户越多，成交的概率越高。在接下来的生意中会出现以下两种情况。

（1）入口大战。

当所有人都转型通过互联网获客以后，流量的入口变得更加单一，众多企业都在抢夺客户的时候，流量入口大战就正式开始了，就像现在的互联网直播带货一样。

（2）流量比赛。

获得流量的渠道是有限的，随着越来越多的人进入，客流量的抢夺将会愈演愈烈。就像现在的市场一样，在大部分人意识到微信可以获客签单的情况下，我们的微信朋友圈除了广告，就没有其他内容了；当我们意识到抖音短视频是机会、直播是机会的时候，实际已经晚了。所以，要抓住现在的机遇，抓住流量的风口。

你还要清楚地知道，未来的企业，一定是得流量者得天下。很多人没有抓住抖音流量的风口，所以没有获得海量的粉丝。但是新的风口又将产生，这个新的流量风口就是微信视频号。如果你现在利用这个机会，获取几十万、几百万的微信视频号粉丝，一年至少可以有 1000 万元至 1 亿元的收益，你就抓住了流量的风口。

但是，你看到本书的时候，可能已经错过了机会。将来也有可能还有机会，抓住这个机会越早越好，否则一切都只能与你擦肩而过。

以上讲的是流量思维，我们还可以延伸到另外一个思维——入口思维。那么，我们流量的入口在哪里呢？

可以通过以下两种手段，扩大流量的入口。

第一，通过时下最流行的平台，比如：抖音、快手、微信视频号等，获取海量粉丝。

第二，通过培训培养粉丝的信任度，为后期的成交合作做精准引流。比如易配者做软装设计培训，就是为后端的软装产品做精准引流。

所以，对于传统企业的老板来说，今天需要转变的是：**把以前对提高收入的关注转换到如何扩大流量的入口上，产品不是用来盈利的，而是用来扩大流量的**。就像我在讲课的时候说的："在未来，软装行业的发展必然会走到另外一个方向上，谁能找到更多的人帮你卖产品，谁就是最后的赢家。"为什么呢？

这是软装行业的发展特性决定的。在未来，如果你想继续从事软装行业，软装设计技能就是必备的从业技能。当人人都具备这个技能的时候，接触客户的就是这些技能的拥有者，而客户最听专业者的话。

因此，要想让你的产品更好地销售出去，就不能用传统卖产品的方式来做生意，而是把产品当道具，聚集一群替你卖产品的人，让更多的人为你做销售，让更多的人为你卖产品。这就是下一节要介绍的平台思维。

这也是易配者做了 6 年软装培训，却不以软装培训盈利为目的核心机密。我们的培训其实就是为了利用更低的价格，获取流量的最大化，增强流量入口的思维。

重构软装行业新思维之平台思维

只要开公司，就会有成本。那么，现在我们来对比一下，传统的成本思维和现代的平台思维之间的区别。

1. 传统的成本思维路径（加减法盈利）

比如：公司有 500 万元的收入，成本为 300 万元，盈利 200 万元。再通过营销手段，使收入增长到 700 万元，同时提高了 50 万元的投入，使成本达到 350 万元，最后盈利 350 万元。

2. 现代的平台思维路径（乘除法盈利）

比如：与人合作某项目，盈利 100 万元，自己留 20 万元，剩余的 80 万元全部分给合作伙伴。通过这种盈利方式和盈利路径，就可以再打动 100 人跟你一起做这个项目，那么则有 20 万元 ×100 人 =2000 万元的盈利。

我们的软装培训就是采取平台思维的模式，凡是加盟的合作伙伴，都可获得他们通过线上招收的学员参加课程学习的全部学费（个别服务类的辅导除外）。这个时候，合作伙伴获得的收益就会比较高，然后会吸引更多的人与我们合作，我们再把客户导流到线下，分合作伙伴一半的费用，在人流量极大的情况下，我们的收益也很可观。更重要的是，我不需要自己养活太多的员工，只需要一部分员工做好管理和服务工作即可。

3. 两种思维思考问题的区别

过去的老板为了企业能够生存和发展下去，每天都在思考两个问题：

第一个问题：如何才能降低成本？

第二个问题：如何战胜竞争对手？

而今天的老板，如果希望企业成功突围，应该思考另外两个问题：

第一个问题：如何帮你的竞争对手卖产品？

第二个问题：如何才能让竞争对手的员工也变成你的合作伙伴？

什么样的办法可以做到呢？那就是建立平台。

所以，以后你的公司就不能再只是一家公司。从一开始，你的定位就是平台。作为一个平台，就可以不用在乎公司规模，也不用考虑如何控制成本，只需要把你的成本外包或者删除即可。而把公司成本外包或者删除的最好办法就是：

把自己变成平台，通过平台建立公司的渠道。

我在讲课的时候说过，以后的软装门店不要以卖产品为主，而是以卖渠道为主，把你的门店作为平台，让更多能卖产品的人参与进来，让利于他们，让他们帮你卖产品即可，不需要自己组建团队，自己卖产品。

我在策划易配者实体门店的时候，也是用这个平台思维来布局的。

我在全国招募城市 CEO，让城市 CEO 在全国各地建立易配者的体验馆，他们以招收学员为入口，培养出能销售产品的软装设计师。然后，通过易配者的产品供应链系统，为他们招收的设计师提供出厂价（设计师找厂家拿不到的价格）的产品，聚集更多的设计师为他们销售产品。那么，我们的城市 CEO 从哪里盈利呢？

第一，收取设计师学员的学费，赚取部分学费的收益。

第二，收取学员的会员费，为会员提供两个服务：一是低价采购产品服务（赚取厂家销售业绩返点），二是本地有软装项目的时候，提供软装项目服务（赚取项目服务费）。

而我们不用养活设计师，增加固定成本，却通过培训，在全国建立了无数软装体验馆，拥有最大化的流量入口。我在全国各地的合作伙伴，也确确实实赚到了钱。

因此，未来的生意必须是帮扶型的，用利他的心态、利他的渠道，让更多人参与进来，和他们一起，实现大众创业的平台模式。不管是设计师还是门店经营者，都能在我们的平台上创业、盈利。

所以我企业的一句口号是：一次学习，终身朋友。

我的目的就是把每一位学员都作为合作伙伴来培养。所以，我们开设的每一门课程，都渴望给学员更多的知识，目的只有一个，让他们快速成长起来，成为我们最好的合作伙伴。

这就是平台思维的特点：我把自己变成一个商品流通的平台，一个人才聚集的平台，一个万众创业的平台。

重构软装行业新思维之跨界思维

传统的经营者认为，利润来自自己的主营业务。其实这是片面的，利润不是一定都从主营业务来，也可以通过跨界实现。过去的企业经营者，思考的是主业盈利最大化，而你从看到这本书开始，还要学会思考除主营业务之外，如何通过跨界让你实现更大的盈利。这里介绍两种方法。

第一种：横向跨界思维。

比如，在家居行业，以前卖家具的只卖家具，卖窗帘、壁纸的只卖窗帘、壁纸。其实，这些产品的需求者都是同一批客户，如果你有横向跨界的思维，只需要整合其他你没有的产品，就能运用软装服务的手段，达到跨界成交的目的。

第二种：纵向跨界思维。

比如，你主营的是软装产品，可以把软装产品当成道具，利用其他的东西盈利。

在前文介绍过，易配者就是这样为我们的合作伙伴设计的盈利模式，加入我们，成为我们的合作伙伴，以后不是以自己卖产品来盈利，而是以平台的、资源的模式盈利。

当我们采用不以卖产品赚差价的模式盈利的时候，我们就没有竞争对手，就可以吸引更多的人跟我们合作，我们只需要扶持他们把产品卖出去即可。但是，我们通过培训、会员费、项目承接和分发赚到了更高的收益，这时销售产品就变成了顺理成章的事。

下面，我来为你拆解跨界盈利的方式。

以前，我们是靠赚软装产品的差价来盈利的，但是，现在我们不赚这些产品的差价了，而是通过培训的方式，一方面赚培训的费用；另一方面，当学员培训结束时，我们再告诉学员，凡是我们的学员，与我们合作，可以得到他们在市场上拿不到的产品价格，并且还可以在我们这里承接软装项目，这样就会吸引有需求的学员跟我们合作。但是要拿到低价和承接我们的项目，需要成为我们的会员，每年给我们交 1000 元。如果一个城市一年有 500 个会员，会员费就有 50 万元的收益了，其他的收益可想而知。

再举一个例子：现在的软装行业，有无数人在搞大奖赛。但是这些大奖赛都是靠收取参赛者的推广费和办活动收赞助费来盈利的，这样的盈利模式是有问题的。

再看我与纺织品商业协会家纺家居委员会合作发起的一个"金纺锤"中国软装美学空间设计大赛。这个大赛与其他的大赛不同，我们不但不收取任何费用，还通过赛事在全国承接项目，然后把参赛选手变成我们的合作伙伴。通过承接项目来盈利并分给参赛者，这就是一个跨界盈利模式。

重构软装行业新思维之产业链思维

"昨天的太阳晒不干今天的衣服"，同样，昨天的成功经验也没有办法运用到今天的市场环境下。所有的传统企业经营者，必须清晰地认知到，当初创业成功的经验无法在今天的新市场环境中再复制一遍，否则，你过去有多成功，未来就有多失败。

因为，在不同的时代、不同的阶段，生意要有不同的做法。以前我们做生意，只需要开店面，把产品卖出去就可以了。今天的老板需要站到一个新的高度上，思考不同的盈利方式。

我们经营企业的目的是盈利，但是很多传统老板的盈利方式非常单一。事实上，企业盈利就是思考钱在哪里，钱在的地方，就是你盈利的地方。

根据研究，我发现可以经由 3 大市场盈利，如下图所示。

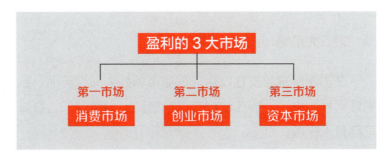

第一市场：消费市场。

这个市场是现在大多数传统企业经营者还在做的市场，就是把产品卖给消费者，通过产品差价盈利。

第二市场：创业市场。

创业市场买卖的不是商品本身，而是一个盈利的机会，即设计一套商业模式，然后通过这个模式帮助别人赚钱。其实这也是今天最好的生意模式，根据数据统计，如今全世界最好的创业市场就在我国。

其实，软装行业最好的生意模式就是做创业市场。我国的软装行业是比较特殊的行业，设计师喜欢自由职业，不喜欢上班和被管束，但是他们单打独斗的话又缺乏管理能力、营销能力、业务能力、产品资源整合能力。

对于软装公司及未来的家居门店来说，公司成本最高的是养设计师，有能力的设计师不愿意给你打工，没有能力的又不可用，所以现在的软装公司老板及家居门店经营者非常头疼。如果我们设计一套创业模式，让商家不养设计师，但可以帮助设计师接到项目，给设计师提供优质、低价的产品，他们就会跟你合作，也相当于你帮助设计师创业了。

还有一种就是加盟模式，这是一种寻找商机的模式。其实，加盟不一定都是厂家进行的，而是所有人都可以在自己本地的圈子开展，你只要掌握方法即可。

第三大市场：资本市场。

在国家越来越发达以后，创业市场会大面积萎缩，到那时，创业市场的红利就消失了。现在已经有这种趋势，你想到的、要做的生意，几乎都已经有人在做。

为什么每一个行业发展到最后仅仅剩下那些大公司？其实，市场就是这样的，发展到最后，都会淘汰无数小企业，最终剩下一两家公司独大，成为上市公司或者有实力的大集团。

上市公司就是资本市场，通过股权盈利。如果你有能力设计一套商业模式，把这个商业模式卖给别人，让别人能够盈利，你就能够通过走资本市场的模式，实现最大的盈利。

比如，淘宝就是让别人通过网络赚钱，让很多人离不开淘宝，走资本市场的模式，而淘宝公司自己没有任何产品。

在未来，如果你想在软装行业盈利，请记住一个盈利公式，如下图所示。

盈利的路径方面，你要赚哪个市场的钱，可以根据自己的情况去设计属于自己盈利的路径。

产品资源、项目资源、人才资源其实是指行业所有的上下游资源，你要做的是综合这些资源，帮助别人盈利。你需要思考如何实现这个目标，如果自己没有这个能力，就去跟有这方面资源的人合作。

经营方式就是你采取什么样的经营方式进行营销，让更多的人参与进来，相信你，跟你合作，实现参与者的目标。

还以我们的平台为例。我们的经营方式就是用软装打造流量入口，通过出版书籍、举办大奖赛等打造行业知名度，建立行业标准，提供人才输出，帮助更多企业解决人才问题，最后打造易配者的整个产业链。

请记住，你现在所在的消费市场已经很少有生意可做了，接下来你需要进入创业市场，在创业市场盈利。如果你还把当初在消费市场盈利的经验复制过来，只有绝路一条。

第3章

重构软装行业新盈利模式

正确认知软装行业的新盈利模式

不同的时代，做生意的方式截然不同，盈利的方式也大不相同。

为了能够更好地帮你解决对不同生意的认知问题，下面我为你分享一个软装行业生意新模型，如下图所示。

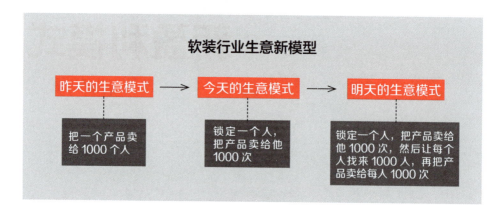

软装行业生意新模型

昨天的生意模式 →	今天的生意模式 →	明天的生意模式
把一个产品卖给 1000 个人	锁定一个人，把产品卖给他 1000 次	锁定一个人，把产品卖给他 1000 次，然后让每个人找来 1000 人，再把产品卖给每人 1000 次

从这个生意模型可以看出，由昨天的生意模式到明天的生意模式存在一种递进关系，盈利的方式也越来越多样化。但是，现在很多传统的生意人还停留在昨天的生意模式，还在用昨天的生意模式来盈利。希望本书可以拓宽你的思维，让你抓住明天的生意模式。

根据这个生意模式，可以得出以下 8 大盈利模式。

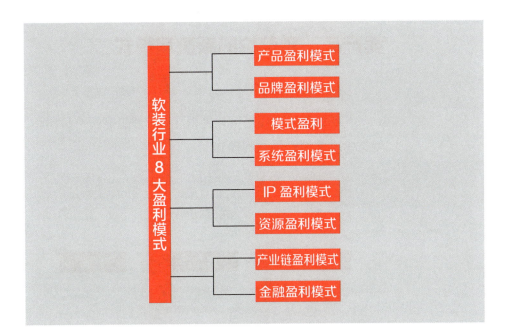

（1）产品盈利模式和品牌盈利模式是一样的，都是靠生产或者销售不一样的产品，使产品卖得更贵，或者做批发，薄利多销。这是比较传统的盈利模式。

（2）模式盈利和系统盈利模式都是靠某一种模式或者系统迅速盈利的方式。

（3）IP 盈利模式和资源盈利模式就是通过专利技术或资源垄断实现盈利。

（4）产业链盈利模式和金融盈利模式就是通过拥有庞大的核心用户数据或拥有投资财团提供资金支持来盈利的模式。

在接下来的内容中，我会详细介绍 8 大盈利模式的具体方式及运用。

卖产品、赚差价的新盈利模式

无论是工厂，还是实体经销店，只要是靠卖产品盈利，就符合以下"产品盈利模式"。

凡是符合以上"产品盈利模式"的企业，其成功的秘诀只有一个，就是把自己的固定成本、变动成本降到最低，提高价格，把品质做到最好。

现阶段，采用产品盈利新模式最具代表性的企业是宜家家居。

众所周知，宜家产品的价格很低，它是如何做到用低价格来盈利的呢？它用的是"先设计价格，再设计产品"的模式。比如，一个定价 300 元的产品，在同样外观和同样工艺的条件下，宜家只卖 58 元。为什么会这样呢？

　　传统的企业思维是先做出产品，再根据产品的成本定价格。但宜家是先根据人们的消费能力设计价格，再根据价格设计人们需要的产品。宜家为了使自己的产品在价格上具有竞争力，想尽办法减少制造成本和经营成本，总结起来有以下 6 个方面。

　　（1）集中设计产品，全球采购材料。

　　（2）在销售市场当地委托相关企业进行加工以减少物流成本。

　　（3）商场一般位于城市郊区，而且设有较大的停车场。

　　（4）商场采用仓储式装修，讲究清洁干净、有条不紊，而且不奢华。

　　（5）通过信息化减少人力资源成本，通过专业化把物流与售后服务外包。

　　（6）全球化规模供应。

　　你应该也能想到很多这种类型的企业。正是这种产品盈利新模式的产生，不断颠覆传统产品盈利模式，导致现在的市场环境变成资源向大企业集中，而小企业只能在夹缝中生存，生意越来越难做。

提升附加值的品牌盈利新模式

品牌附加值是品牌通过各种方式在产品的有形价值上附加的无形价值。无形价值和有形价值其实同时存在。

产品的无形价值是建立在产品的物质功能基础之上的价值，给消费者以精神享受。在不考虑品牌效应的情况下，功能、质量相近的商品的有形价值是相近的。

然而，采用附加值盈利模式的品牌卖的不只是产品本身，还有产品的品牌价值。我经常在讲课的时候问学员：**"什么是真正的品牌？"**

比如，同一个产品，如果不注明品牌，定价会很低；但是注明一个知名品牌，价格一下子就高出几十倍，这个就是真正的品牌价值。如果你的公司做不到这个级别，那么以后在做广告的时候就不要突出公司，只需要突出产品的优惠活动即可。

将品牌盈利模式做得最好的是那些奢侈品品牌。人们购买奢侈品，愿意付出高价，其实更多的是购买奢侈品的品牌价值而不只是产品本身。你或许总是听到**"极致"**这个关键词，实际上，把产品做到极致已经成了我们做产品的标配。那么，接下来，我们应该开始走品牌塑造之路。

在软装行业，已经有很多建材品牌，而这些品牌是经过几十年的发展打造出来的。我国经历了几十年的粗放型经济发展，为各大品牌代工生产的时代已经终结，接下来需要打造属于自己的品牌，通过提高品牌的附加值来实现品牌的盈利。下面介绍3种品牌附加值的盈利模式，如下图所示。

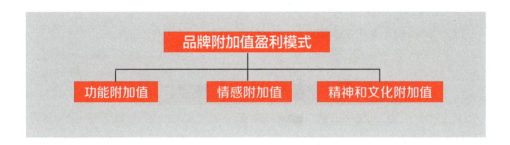

1. 功能附加值

功能附加值就是基于产品功能的文化、情感等价值。比如，我们去吃火锅的时候，总是想到王老吉。因为其广告词"怕上火，喝王老吉"，故王老吉就被赋予了预防上火的功能附加值。

2. 情感附加值

提升品牌的情感附加值是把品牌与人的情感联系起来。比如把爱情、亲情、友情和产品联系在一起，以打动消费者的内心。

例如，把首饰和爱情联系在一起的**"钻石恒久远，一颗永流传"**，以及把橱柜与温馨的家庭亲情联系在一起的**"有家，有爱，有欧派"**等。

3. 精神和文化附加值

如果某品牌诉求进入消费者的精神层面，与消费者心中原本具有的奋斗精神、独立个性、广阔胸怀等联系起来，则该品牌就具有精神和文化附加值。比如，耐克卖的是"冠军"精神，茅台卖的是"尊贵"等。

由以上 3 种品牌附加值盈利模式可以看出，如果只是卖产品本身的话，产品质量是基础保证，而品牌才是价值。所以，你应该学会思考在接下来的生意中，如何通过提升品牌附加值实现盈利。

软装行业品牌新盈利模式包括 4 大因素，如下图所示。

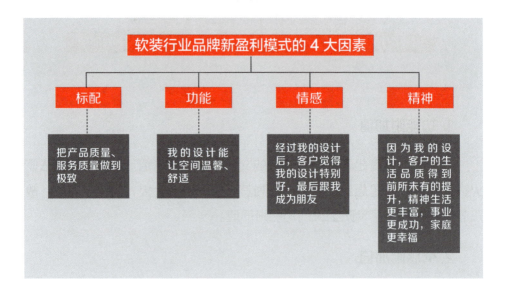

把"看得见"的钱分掉的模式盈利

把"看得见"的钱分掉，这是我做生意到现在一直在用的模式。这个模式非常有魅力，运用得好，能让你的公司从零开始迅速做大，成为行业的引领者。其实，模式盈利通俗地讲就是把**"看得见"**的钱分出去，赚背后**"看不见"**的钱。

在现实中，有很多这样的方式，比如以前卖电视机，是靠卖电视机本身盈利，而现在卖电视机，不靠电视机本身的销售盈利，而是通过收取电视节目的会员费盈利。这就是先通过不盈利或者赚取很少的钱的模式，与大量的用户产生链接，然后通过提供增值服务、收费软件和配件等方式实现盈利的一种方式。

就像前面讲过的易配者的运作方式，凡是加盟我们线上课程推广的，只要不是服务类的，我会把所有费用都分给加盟的合作伙伴。他们什么费用也不用承担，而我们自己则靠后端盈利。

如果你希望自己的企业快速做大，就采取先舍后得的模式吧。这种模式的核心就是**"产品不是用来盈利的，而是用来与客户产生链接的"**。

过去，我们可以因为一个产品开一家公司。现在，在产品和品牌红利期已经过去的情况下，就需要新的商业模式来实现盈利。

例如：主业不盈利，后端盈利。

360 公司使用的就是这个模式。众所周知，360 公司做了一款 360 免费杀毒软件。在此之前，我们使用的杀毒软件都是收费的。360 免费杀毒软件出现以后，迅速抢占了杀毒软件的用户市场，而那些收费的杀毒软件也因此陷入危机。

360 杀毒软件是 360 公司的主业，但是它在主业不盈利的情况下，靠什么来盈利呢？

答案是：当拥有足够多的用户以后，它通过放弹窗广告的形式，向各种互联网广告投放者收费，通过收广告费盈利。

让别人去做投资的事情，通过系统盈利的模式

系统盈利模式就是综合性盈利模式，简单来说就是**"把需要投资的事情让投资的人去做，用系统盈利的方式，使大家共同盈利"**。

系统盈利模式最重要的就是用一套系统，整合社会上已经存在的资源，并盘活这些资源。系统盈利模式的前提是有系统、有会员、有管理体系，只需要导入你的社会资源，就可以帮助投资者实现盈利，同时也使你自己盈利。

还是用易配者平台盈利的模式来举例。

第一步：建立由 3 大体系构成的软装培训平台。一是建立线上软装培训体系，通过线上直播培训，吸纳足够多的软装培训学员；二是建立线下实体培训体系，即在全国建立分支机构，采取就近开课的模式；三是建立大学生培训体系，免费为艺术院校的毕业生提供软装就业培训，并且为学生分配工作。

第二步：建立易配者旗下的易配大师软装平台。该平台可以实现在线承接项目、制作软装方案、采购软装产品，把我们每一年的培训人才导入该平台，实现平台化系统运营。

第三步： 在保证业务量的基础上，在全国联系那些不景气、不盈利的家居门店或者软装城，让它们成为我们的全国实体体验馆。当我们的学员落地本地项目的时候，直接在易配大师网下单，带客户到体验馆看货即可。

这种模式就是系统盈利模式。从人才供应到全国项目的承接分发，再到实体体验馆的建立，我们自己没有投资一分钱，但是能够利用系统与投资者实现共同盈利。

特别提醒： 系统盈利模式的出发点是成人达己，拥有系统且强大的融合能力和创新能力是接下来生意做大、做强的关键，利己经商思维的时代已经过去，创新系统盈利模式，已经是未来商业的方向。

掌握核心资源，通过资源盈利的模式

资源盈利模式就是能够垄断一种资源实现盈利，是在获得某项政策资源或者自然资源的基础上所形成的盈利模式。当企业通过某种方式获得这些资源，形成对资源的独占优势后，业务模式也自然而然地建立起来了。

例如，2019 年 10 月，通过朋友介绍，我与中国纺织品商业协会家纺家居委员会的刘副会长相识，有幸参与了"2019 中国软装家居艺术节暨金纺锤·中国软装美学空间设计大赛"的评选工作。参赛的选手分为社会组和学生组。社会组参赛选手为全国优秀设计师，学生组参赛选手来自清华大学美术学院及全国几十所艺术院校，评选出很多优秀的作品。并且，参赛选手到现场参赛、领奖，食宿一律由主办方承担，也就是全部免费参赛。

这次评选后，刘副会长决定做一个不一样的国家级软装设计大赛。我作为金纺锤奖 2020 中国软装美学空间设计大赛执行秘书长，将与会长一起把大赛做成一个有品质的、培养和挖掘国家设计人才的平台。

我们决定在**"一带一路"**倡议的指导下，以**"新时代软装复兴主义风格"**为主题，采取明星大咖帮扶的形式，在设计过程就开始辅导，进行 4 大类型的主题设计，引领我国原创设计走向世界，掀起真正的**"中国潮"**。

接下来，我们将会在全国各省建立分赛区组委会，组织参赛人员参加以下两大类型的大赛。

1. 原创设计类大赛

（1）魅力乡村室内外改造类大赛。建设美丽乡村是国家战略，为了建设特色乡村，我们要求设计者根据当地民俗、民族文化进行室内外改造设计，为乡村改造尽一分力。

（2）全国地方特色非物质文化遗产图案二次原创设计类大赛。我国拥有许多具有民族特色的非物质文化遗产元素，但是很多经典的东西需要进行二次创作以适应时代的审美需要。大赛将挖掘全国各地特色非物质文化遗产图案，二次原创出布艺类特色图案。

（3）全国各地方特色空间原创设计类大赛。根据各地方特色元素进行空间的原创设计，打造真正符合新时代审美的室内原创设计空间。

2. 落地项目类大赛

落地项目类大赛主要针对已经落地的项目，只要你的设计具有特色，并且已经落地执行就可以参赛。

这类型的大赛同样不收取参赛者的任何费用，而且通过大赛聚集行业相关资源，把所接到的项目分给参赛选手，再通过其他方式来盈利。

上面的案例采用的就是通过某项政策资源形成的资源盈利模式。比如，我们在全国各地建立大学生教学基地，免费为艺术类大学生提供就业培训，也是通过资源盈利模式来盈利的。

这个盈利模式还需要解决以下 4 大问题：

第一，要有获得政策支持的创意园，可以为学生提供食宿、教学的环境；

第二，要有愿意与我们合作的艺术院校资源；

第三，要有可以消化人才的企业资源；

第四，要有过硬的设计人才培养能力，确保培养的学生一毕业就可以为企业工作。

资金在时间、空间上转移的金融盈利模式

金融盈利模式是指通过平台自身来运转资金，让资金在个人、平台、企业之间进行高效率流动，形成一个资金流动生态圈。

从本质上来说，金融的逻辑就是促进资金的流通，实现资金在时间、空间上的移动。那些大的金融概念对我们太遥远，我们只讲目前能触及的金融盈利模式的案例。

易配大师是如何让设计师、商家在我们的平台上实现现金流交易的呢？

易配大师虽然看起来跟其他平台一样，都是一个工具性网站，但是我们的底层运营模式截然不同。我在设计这个商业模式的时候，其实就是做了一个产业链闭环。

我们的网站分为以下 4 大板块。

第一大板块：教育培训板块。

有自己的教育培训机构，可以培养出无数的软装设计师使用我们的平台。

第二大板块：销售设计方案。

设计师学习结束，可以用我们的工具来制作软装设计

方案。当设计师的软装设计方案制作完成以后，可以在我们的平台销售设计方案。

第三大板块：软装产品采购板块。

我们的学员做完方案以后，可以直接采购我们的软装产品。如果学员有自己的产品，也可以在这里上架出售。

第四大板块：项目承接板块。

学员可以在我们的平台承接全国各地的设计项目，因为我们有专门的团队跟全国各地的房地产公司进行项目的对接。

我们平台的运营模式就是让资金流在时间和空间上进行转移。我们可以通过贷款、理财、保险、证券、基金等方式实现盈利。也就是说，在互联网上，我们不仅可以靠卖产品盈利，还可以通过很多其他的方式盈利。

金融盈利模式其实还有很多的运用场景，你可以思考接下来如何寻找新的金融盈利模式。

锁定用户终身价值的产业链盈利模式

产业链盈利模式其实就是一个生态系统，企业通过某种方式，锁定庞大的用户群并为客户的学习、工作、生活、休闲等服务，最后形成一个盈利的生态系统。只要用户在这个生态系统之内，其所有经济行为都和企业有关。

比如易配者在软装行业的产业链循环系统。

软装培训系统：通过社会人员培训、大学生培训，解决人才问题。

易配大师网：为产品采购、项目承接提供平台，学员能消化产品，也可以承接我们提供的项目，既能实战，也能做项目盈利。

设计大赛：挖掘优秀设计师，除了可以承接我们的大型项目，还能反过来为我们培养优秀学员。

全国各地体验馆：让学员成为我们体验馆的合作设计师，既能自己创业，也能解决因为单打独斗而面临的问题。

接下来我们还要打造全国软装体验式酒店系统，让入住这个酒店的人都可以实现扫码下单等。而这一切的实现，全部依赖于我们的软装培训系统，只有源源不断地导入用户，才能让整个行业运转起来。

打造个人 IP 盈利模式

手机互联网时代成就了无数的自媒体明星，他们通过文字分享自己独到的观念，聚集了大量的粉丝；短视频时代，也造就了一大批草根名人。2020 年开始，5G 时代必将掀起直播带货、直播签单的热潮。

未来，如果你的企业还在用传统模式做生意，你将会没有生意可做。

在直播带货的时代，你就是一个 IP，必须通过短视频和直播打造个人标签，让客户信任你，并且愿意买单。越来越多的企业老板开始录制短视频、做直播，为自己的企业代言，这是为什么呢？

原因很简单，在传统时代，客户买的是产品，而在新时代，客户购买产品是希望与这个产品的创造者产生关系。因此，未来的生意竞争不再是产品的竞争，而是粉丝数量的竞争。只要有粉丝，不管你经营什么，客户都会购买。因为粉丝认可的是你本人，而不是你的产品。

如果你想在未来能更好地发展，请从现在开始打造自己的 IP。因为这个时代很多消费者买产品是看卖产品的人而不是看产品。

很多开门店的经营者、装修企业的老板都有这样的经历，自己门店里做得好的业务员一旦离职，就可以把手里的客户带走，要么自己开店，要么换一个工资更高的公司做，为什么会这样呢？因为在这个时代，人们购买产品实际上是为了跟卖产品的人产生关系，而不是跟老板或者产品发生关系。

其实，我以前也不太愿意讲课，为什么呢？因为我想把时间放在研究软装行业如何运营上，开一家软装行业的产业链公司。所以，我们基本上都是请老师上课。但这样也导致无数的学员流失，因为老师在哪里上课，学员就到哪里，我也帮无数的同行做了嫁衣。在没有办法的情况下，我决定自己讲课，所以现在我也拥有几十万的粉丝。

我的经历证明，直播是未来，打造个人 IP 是未来财富的大门。你如果不会做，就抓紧学习，突破自己。

第 **4** 章

重构软装行业
新业务模式

软装行业从业者必学新业务模型图

2020 年以后，所有家居门店经营者、装修企业经营者、设计师、销售人员要想在激烈的竞争中脱颖而出，都需要基于自己的职业和品牌，打造属于自己的私域流量。那么，你要做到以下 5 点：

（1）将业务立刻转型到线上；

（2）摆脱实体束缚，提高线上占比；

（3）用微信导入潜在客户，建立属于自己的社群；

（4）以最快的速度，建立属于自己的私域流量池；

（5）不管是企业经营者还是员工，都要制作短视频、做直播进行线上签单。

以上 5 点是你必须去做的事情。那么，这些在实际互联网营销获客中如何运营呢？

我根据自己在软装行业 12 年的研究，总结了一个可以直接复制的线上营销获客签单流程，如下图所示。

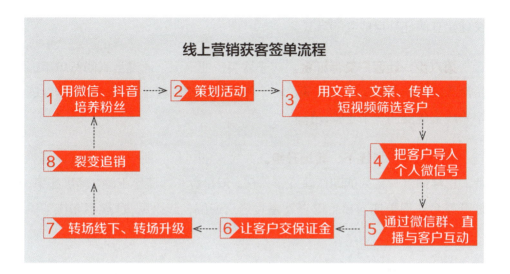

第一步：用微信、抖音培养粉丝。有人的地方就有客户，当人们都聚集在微信和抖音的时候，我们的客户就在这里。我们要想线上获客，只需要有足够多的微信潜在客户好友和抖音粉丝即可，潜在客户数据越多，业务量越大。

第二步：策划活动。虽然你的微信和抖音有很多潜在客户，但是这些好友和粉丝未必都会消费。所以，你需要策划各种活动，筛选出有需求的消费客户，而每一个活动都是在筛选你的客户。

第三步：用文章、文案、传单、短视频筛选客户。你策划一个活动以后，就需要运用文案来吸引对活动感兴趣的人，而以上 4 种方式都是筛选客户的手段。

第四步：把客户导入个人微信号。通过前面的活动文案等方式推广筛选以后，你要把客户导入一个微信个人号，通过这些微信个人号培养客户信任度。

第五步：通过微信群、直播与客户互动。这些都是通过互动的形式，快速建立信任并且成交的方式。

第六步：让客户交保证金。对于软装行业来说，通过互联网签单不能采用线下的形式直接交钱，而是一个循序渐进的过程，所以让客户交保证金是线上成交的一个基本动作。

第七步：转场线下、转场升级。大金额的付款必须在线下进行，虽然我们已经通过一系列的动作建立了信任，但是真实感还是不够，转场线下，成交就会变得更加容易（这也就是我经常说的，线上聊 10 次不如线下见一面）。

第八步：裂变追销。当客户来到线下以后，我们就可以继续追销线上没有成交的部分，并且可以通过赠送礼品等让客户超预期的方式，让客户帮你转发推广，裂变出更多潜在客户到你的微信或者抖音，实现线上营销与线下营销的闭环。

这个流程中的各步需要如何做，会在接下来的章节中详细介绍。

用微信快速找到潜在客户的技巧

在线上营销获客签单流程中，第一步就是要通过微信，精准地找到更多潜在的客户群。你的微信好友数量决定你的私域流量池的大小。

所以，转型线上营销获客，最为关键的启动数据在于微信好友的数量，微信添加好友就变成你每一天的工作内容。

如何添加微信潜在好友呢？

1. 通过潜在客户手机号码添加好友

找到最新潜在客户的手机号，把这些手机号导入通讯录，通过手机通讯录添加微信好友。一个微信每天可以添加 20 个潜在客户好友，如果你准备 10 个微信号，一天可以添加 200 个好友，积累一个月就是 6000 份潜在客户数据。这里的关键就是方法、技巧和工具的运用。

2. 进入同行群添加好友

如今这个时代，其实你想要的，别人那里已经有了，关键是你用什么方法寻找到别人拥有的东西，或者与同行合作等。当你进入同行的潜在客户群以后，不要在里面发广告，而应先添加好友（添加好友的方法有两种，一种是软件自动添加，一种是手动添加）。

3. 群互换

加群最快的方法就是互换群。你有 5 个群，你的异业盟友有 5 个群，你们相互交换一下群，就可以得到对方的 5 个群。

比如，你是做家具的，就可以跟做装修的、做窗帘壁纸的、做建材的人换群，只要不是同行，都可以互相交换，然后逐个用软件添加好友即可。每天从群内添加潜在客户数据好友是你的常规工作，如果一个微信号一天换 5 个 300 人的群，10 个微信号一天就可以换 50 个 300 人的群，总计群人数就达到 15000 人。

4. 抖音短视频"吸粉"

在抖音发布短视频，如果有客户咨询，让咨询的客户添加你的微信（需要长期输出有价值的视频内容，吸引客户咨询）。

5. 写文章"吸粉"

可以在今日头条、一点资讯、百度百家等自媒体上发布关于你所在行业的知识型文章，吸引这些粉丝添加你为好友。这个方法"吸粉"特别精准，我的一个学员就是用我教他的方法，在今日头条上接了很多大型装修项目，而且都是收设计费的。

特别提醒： 方法不在多，在于执行，把 1000 个方法都练一遍不如用一个方法练 1000 遍。你也不用想有什么捷径，用简单的方法重复做，每天坚持即可。

以上是添加好友的方法。但是，在微信使用过程中，需要你注意以下事项。

（1）微信号不要太复杂，要让客户输入方便。不要既有字母，又有数字，还有下划线之类的，别人在查找添加的时候还要不停地切换输入法，可能有的人因此就放弃添加你了。注意，微信号只能改一次，要想好了再改。

（2）上述所说的加人手段只是启动手段，用来获得初始的用户基数，具体成交还需要一系列的手段，并且你要学会在运营的过程中总结更多的经验。

（3）互动。在微信朋友圈，有互动才有信任，否则你发你的，我发我的，没有交集，加了也是白加。

（4）千万不要刷屏，发大量的朋友圈广告。如果你的朋友圈每天都发各种特价广告，一天发 10 多条，这是没有任何人看的。每天发 3 ~ 6 条信息，每条信息间隔 4 个小时左右最好（具体发什么内容，可以看我的《设计师成名接单术》一书，这里不再赘述）。

5G 时代短视频获客新手段

5G 时代，抖音短视频是标配，是所有企业经营必备的营销工具。

我一直强调，互联网生意经营的是信任关系，短视频就是建立信任关系最好的工具。那么，家居门店经营者、装修企业、软装公司经营者、设计师等如何通过短视频，打造信任关系，并且精准地吸引属于你业务体系的客户？如何运营抖音短视频呢？请做到以下 5 点。

1. 进行人设

进行人设的目的是给用户展示我们在该领域的专业性，只有当用户认为你在该领域很专业时，才可能产生主动购买的欲望。人设可以为个人，比如"某某设计姐"；也可以为企业，比如"某某家居官方号"。

2. 矩阵化运营

人设可以为个人，也可以为企业，两者各有好处。个人更容易拉近与用户的距离，企业显得更加官方，后期也比较容易成交。那我们应该如何选择呢？其实很简单，我们可以采用矩阵化运营。

现在很多家居品牌都是矩阵化运营，并不是做一个公众号或者拍一条广告片就可以了。这些品牌都是在图文与视频的全覆盖内容领域做全线运营。一个人活成一支队伍的时代已经过去了，当下必须是一支队伍通过矩阵化运作活成一个人。比如，很多公司有多个账号，既有个人号，也有企业号。

3. 高频次发布

以前企业做视频，一般是广告片，一年拍摄 2 ~ 3 条已经很多了。但在现在的新媒体环境下，用一条信息来吸引注意力高度碎片化的用户已经不可能，必须用高密度、高频次的信息，对用户进行反复轰炸。

4. 多维度制作

什么是多维度制作？其实很简单，就是根据客户群体不同的背景、生活阅历、职业特点，去做精准化的宣传。在传统的宣传方式中，企业往往是基于一个需求维度去制作，但是很难满足所有人个性化的需求。企业应该从军事达人、时尚达人、宠物达人、运动达人等人群的不同个性化需求出发，多维度制作满足不同人群的碎片化内容。

5. 拍摄手法

如何拍摄视频才能达到最大的宣传效果？

（1）**省钱即王道。** 用价格取胜永远是最简单粗暴的方法，性价比是最容易吸引用户注意力的关键词，我们可以突出部分商品的性价比。

（2）**实用效果展示。** 用特效加持，全方位展示装修效果、软装效果，让实用的空间扩容效果更加明显，软装的效果更加有品质。可以用手机拍一张新居的照片，借助 Homestyler、易配大师等家居设计软件，使用三维方式、环境塑造方式在线模拟新家的家居和室内设计方案，还可以拖放家具、更换摆件，试验不同风格的壁纸和地板，如同家装效果的**"试衣间"**。

（3）**员工日常**。拍摄员工日常，看似与我们的产品无关，却可以打造立体化的企业形象，通过企业的温度去吸引顾客。

（4）**达人口播**。口播是进行人设比较好的方式，选择恰当的人做口播，对于直播签单有比较好的"吸粉"引流效果。

（5）**场景共鸣**。温馨的家庭场景容易让用户引发情感共鸣，结合感人的桥段和故事设计，更能击中人心。

比如，指纹锁不仅让人感觉高大上，而且同时支持指纹、密码、卡、钥匙，简直是**"健忘患者"**的福音，是不是非常方便！如果朋友有急事，或者装修师傅要进屋，还可以设置备用密码，之后再删除就可以了。

如果你想抓住短视频时代的风口，请行动起来。本书不讲解具体某一个板块的运营，只讲大致方向，具体细节需要你自己去学习。

高成交率的线上活动策划新技巧

在前面的章节中介绍过，即使你每天的工作就是添加微信好友、交换微信群、制作短视频，也吸引了大量粉丝，如果没有策划符合粉丝相应需求的活动，就无法更好地达到成交目的。

所以，策划能够"吸粉"的活动就尤为重要。那么，如何策划一个让客户渴望参与的活动呢？

1. 摒弃传统打折广告

在以前供不应求的时代，你只需要制作一张产品宣传单或者做广告，就可以获得大量客户的咨询、购买，但是现在这样的宣传效果微乎其微。

在互联网高速发展的今天，很多人依然把传统打折促销广告的形式复制到互联网上来做直播，效果却不理想，为什么呢？

因为互联网时代人的心理状态与之前不一样。在这个广告泛滥的时代，看到需要花钱的东西时，我们很少去关注，并且通常会自动过滤掉。换位思考一下，如果你看到朋友圈里的各种促销、打折信息，会购买吗？

2. 策划客户关注的痛点主题，做知识分享

人们不喜欢广告，但是对跟自己切身利益相关的方面却非常关注。比如，你家要做装修，你就会关注如何找装修公司、如何选择材料、如何避免多花钱等信息。而此时如果有家公司搞个"如何正确地选择装修公司和设计师，至少让你少花 10 万元冤枉钱"的主题活动，你看到的话，是不是就会去关注、去了解？

如果你是装修公司，这样的主题就可以很精准地吸引潜在的客户。当你不断策划这类主题，并且不断做直播分享，设计一套系统的成交主张后，就能轻松签单了。

根据我的经验，如果你的直播有 100 人从头到尾参与，至少可以成交 1 ~ 2 个客户；如果有 1 万人参与，至少成交 100 个客户（前提条件是客户必须有需求，再通过几天的时间建立信任度，设计一个无法让客户拒绝的成交主张）。

传统线下获客的方式已经逐渐失效，转型互联网获客签单成为必然。通过专家的形式，帮客户解决痛点，建立信任，实现快速成交已经成为必然手段。

如果想要让客户看到一个主题活动的时候，渴望去学习，这个主题活动分享者的个人介绍也很关键。那么，如何打造一个让客户在看到直播者的海报介绍时，就渴望听他分享的主题内容呢？**这就需要对直播的人设 IP 进行打造。**

如何打造一个让客户信任的直播者呢？ 主要有以下 4 个方法。

（1）专业实力的打造。

如果同时有几个人去承接一个项目，其中有一个人跟客户见面的时候就给客户一本他自己的客户案例作品集或者他编写的书，此时，客户内心对这个送书的设计师的感觉要好很多。如果客户看了作品集，觉得很好，那么其签单的可能性就比别人高。

（2）行业地位的打造。

第一种，在某个大奖赛中获奖。参加一些行业大奖赛，并且获得某个大奖，这些大奖就是打造你专业高度的方式。

第二种，在某个行业机构任职。比如，我是我国纺织品商业协会家纺家居委员会举办的金纺锤奖 2020 中国软装美学空间设计大赛执行秘书长。

第三种，是某个大奖赛的评委。评委代表一定的专业高度。比如，我是敦煌国际设计周的评委等。

总之，行业地位非常重要，你要抓住这些机遇。

（3）官方认证的打造。

无论你是装修设计师、软装设计师、家具门店的经营者，还是销售人员，在未来，只要是相关行业的从业者，就必须具备软装搭配的能力。想要更好地签单和证明自己的身份，就需要有官方认证的证书。比如，你说你是软装设计师，请问，这个软装设计师是自封的还是有官方认证的，有没有官方颁发的职业技能证书呢？据拥有职业技能证书的人反馈，他们签单更容易。

因为卖产品的时代已经过去了，只有用专业化的服务，才能引导客户签单。专业化是一个虚拟产品，在项目没有出来效果之前，客户跟你签单只能靠信任，证书就是建立客户信任的一个有力武器。如果你具备条件的话，也可以申办一个职业技能证书。

（4）互联网知名度的打造。

互联网是一个好工具，现在很多人评判一个人出不出名的方式就是去网络上搜索他的名字，如果他的名字能在互联网上找得到，那么这个人就是有知名度的。

当打造好以上 4 个方面的个人 IP 以后，你会发现，你的个人介绍就很有吸引力，如下图所示。

做出来的个人介绍海报如下图所示。

现在仔细思考一下，如果你写一个自己的个人介绍，有没有吸引力呢？如果你的简历对自己都没有吸引力，那么也很难吸引客户的关注。所以，个人身份的打造是你接下来需要去做的事情。

行之有效的微信广告群发技巧

你是不是跟我一样，每天收到很多微信好友群发的语音、图片、文字广告？但是，残酷的现实告诉我们，这一招没有太多用处，特别是那些各种早安信息，以及打折促销等广告，更是没有人看，并且好友可能直接把你拉黑。

在上文中我分享过，你加了几万名微信好友，然后策划一场让人渴望学习的直播课程。这个时候，就要给这几万个好友和微信群发活动信息，通过群发文案来精准地筛选出潜在客户。此刻，你的群发文案尤为重要。群发文案的秘诀是什么呢？

1. "你"字诀

其实，99.9%的人群发微信广告的方式是错误的，因为他发广告的第一步就错了，为什么呢？请看案例。

错误群发 1：直接群发一张带二维码的图片，卖东西。

错误群发 2：没有提前沟通，一上来就给你发一段很长的文字。

错误群发 3：直接群发一段语音，开头是：大家好，我是 XXX……

以上 3 种群发的方式，有以下两大错误。

第一大错误： 互联网成交建立在信任的基础之上，这种试图一步到位的广告方式反而让成交很难达成，因为你没有设计"预警机制"，不符合人性。

简单来说，如果一个不熟悉的人给你发一个打折促销的广告，你一般不会感兴趣，也不敢购买。

第二大错误： 用户一收到信息，就知道是群发的。请问，如果你收到类似的广告内容，会重视吗？你这个时候会想**"反正是群发的，不是针对我一个人说的，群发的都是推销广告，我可不想被你营销"**。

那么，如何解决呢？

首先，请你不要直接群发图片。图片需要跟文字或者语音配合，千万不要单独群发，因为只要单独收到图片，人们就下意识地把它分到**"群发"**这个类别了，你的目的就很难达到。

其次，把文案或者语音里面习惯用的**"大家""各位朋友""你们"**等字眼换成**"你"**字，这样就可以瞬间让用户感觉到这些话是对他一个人说的，并且会抓住他的注意力。这个方法是经过验证的、非常有效的方法。

比如，你根据自己策划的活动写一条传统的群发广告："大家好，我们发起了一个 1 元抢购 1688 元大礼的活动，在活动期间，交 1 元定金，就可以得到 1688 元的大礼一份，签单还额外赠送惊喜大礼。"

修改后的广告："你好，我是某某，我们发起了一个 1 元抢购 1688 元大礼的活动，在活动期间，交 1 元定金，就可以得到 1688 元的大礼一份，签单还额外赠送惊喜大礼，仅限 10 个名额，想要领取大礼请回复'1'"。

前后两个文案是不是感觉不一样呢？你发现后一个方案的妙处了吗？

2.亲近感

如果简单用**"你"字诀**去改变群发内容，虽然有助于客户响应率的提升，但是给客户的感觉太机械、太生硬，缺少温度，仍无法拉近你们之间的心理距离。所以我们需要在用**"你"字诀**的同时，让对方感觉到内容是给他一个人发的，并且感觉真的有亲切感。这里有两个有效的方法。

（1）时间节点。给用户群发内容，最好有个时间参照，这样既可以让客户感到及时性，又多了一份真实感。

例如，**群发的内容：**"你好，吃饭了吗？对了，有一个事情想和你分享一下，我们发起了一个 1 元抢购 1688 元大礼的活动，在活动期间，交 1 元定金，就可以得到 1688 元的大礼一份，签单还额外赠送惊喜大礼，仅限 10 个名额，想要领取大礼请回复'1'。"

这个时候你再看看，加上时间节点，融入情感以后，文案是不是让人更有亲近感呢？

（2）杠杆认知。这个方法需要你对这个客户有标签管理，也就是说你们要沟通过，或者你对他有一定认知。

例如："你好，在吗？我是某某，记得你曾经问过我 XX 问题，最近我们有个活动，我觉得对你非常有帮助，如果你需要了解的话，麻烦回复一下'1'，我告诉你。"

如果你们以前接触过，这样的话可以快速制造亲近感。

3. 激发兴趣

激发兴趣对微信群发来说很关键。不管你想通过群发让用户做出什么决定，前提是要让他对你未来要做的事情感兴趣。比如我前面分享的案例，其实称呼改变了，效果也不会太好，因为这样的广告太多了。

假如我换一种形式，激发客户的欲望，让他感兴趣呢？

"昨天我参加了一个 1 元领取 1688 元大礼的活动，没想到真的得到了……

"我想了又想，还是把这个秘密告诉你吧，关于我昨天晚上如何通过1 元钱抢到一个 1688 元大礼的秘密。"

从上面的两个案例可以看出，这样做的目的是让对方在兴奋的同时，也渴望了解这个东西。那么，你如果像前面的文案那样，一开始就让对方付钱才可以领取，别人这个时候不了解你，对你的东西都没有认知，是不可能付款的。但是，当他对你的东西产生了兴趣，并深入了解以后，你再让他付钱或者做某个决定的时候，他就会更容易行动。

4. 利用诱惑

在被激发出兴趣以后，对方就有想知道和了解的欲望，如果你不让他知道或者得到，他就会不舒服。这个时候，你要告诉他，这个东西可以满足他。

例如："昨天我参加了一个 1 元领取 1688 元大礼的活动，没想到真的得到了，你想知道领取的方法吗？

"我想了又想，还是把这个秘密告诉你吧，关于我昨天晚上如何通过1元钱抢到一个1688元大礼的秘密，你渴望了解吗？"

这个就是引导客户探索后面的答案，而这种探索的形式其实就是人性的欲望。在营销中，这种诱惑引导的形式非常多，你仔细观察就很容易发现。

5. 促进行动

促进行动是最后一步，也是最关键的一步。行动永远是营销的最终目的，如果你的广告没有达到让别人想要行动的目的，这个文案就是失败的。那么，如何让客户行动呢？

你只需要给出行动主张、行动步骤（越具体越好）。比如：

"昨天我参加了一个1元领取1688元大礼的活动，没想到真的得到了，你想知道如何领取吗？回复'1'我告诉你……

"我想了又想，还是把这个秘密告诉你吧，关于我昨天晚上如何通过1元钱抢到一个1688元大礼的秘密，你渴望了解的话，请回复'1'。"

当然，后面应该继续采用连环手法。当客户回复"1"以后，不要着急和他成交，而是再用一条信息，吸引他进入一个环境里面去，实现批量成交，这就是我后面会讲的社群的运营管理。

等客户回复"1"以后，我们的第二条连环文案如下：

"花1元钱你可以得到如下大礼：一，车载冰箱1台；二，62吋电视机1台。

"如何领取呢？今晚 8 点，在群里统一抢购。如果参与抢购，请回复'抢购'，我拉你进群。"

等到晚上的时候，让大家参与一起抢购就可以实现批量成交的目的了。当然，上面的例子只使用了文案的方式，具体使用时需要你进行灵活设计，不能照搬。这就是微信时代最有效的连环文案加批量成交的方法。

正确地使用微信号才能让你的微信实现高成交率

无数人都渴望用微信做业务、接项目，但是微信潜在客户对很多营销套路已经产生了免疫。想通过微信接业务，首先必须掌握微信的社交属性，避开以下 3 大误区。

误区 1：卖货思维。

估计 99% 的人在做微信营销后，都会发现效果越来越差，最后总结说，用微信做业务没有用，或者把失败原因归咎于销售的产品同行多、竞争大，很难卖。其实最本质的原因是你还停留在产品思维的层面。现在的市场上，不缺任何产品，做微信营销也不是卖产品。

在我告诉你真相之前，你首先要把大脑放空，先跟着我的思路走，把商业最底层的逻辑弄明白。

我们做生意都是从最原始的买卖开始的，比如摆地摊、开实体店、开公司等。下面通过一个例子来说明商业模式的发展过程。

张三有一个果园，里面种了好几种水果。刚开始，他自己把水果运到集市上卖，按照市场价出售。这是第一种模式——直接卖货思维模式。

但是后来张三发现，自己按照市场价卖虽然没有中间商赚差价，所有的利润都是自己的，但是自己一天 24 小时不休息也卖不完，很多水果都烂掉了。

于是，他开始把水果批发给水果商，让水果批发商帮他卖。虽然利润少了，但是挣钱比以前多，而且自己更轻松了。这是第二种模式——卖渠道思维模式。

做批发一段时间以后，张三发现，这些水果商很精明，开始压价了。慢慢地，自己的利润越来越少了，而且受控于这些水果批发商。

所以，他想到了一个模式，做直营和连锁加盟，开连锁店，做自己的品牌。因为自己有果园，可以产地直供。所以，一下子开了好几十家连锁店，利润大增。这是第三种模式——卖品牌思维模式。

随着时间的推移，张三又发现，街上的水果店越来越多，竞争对手也越来越多，大家都在打价格战。这个时候，他又学了一个营销招数，叫作会员制。

他所有的门店都实行会员制，只要成为会员就享受水果超低价。这样不仅吸引了很多客户，而且锁定了很多客户，生意比很多竞争对手都要好。这是第四种模式——会员制模式。

后来他又发现，其他的竞争对手也开始玩会员制，生意又开始慢慢变差。于是，他又学了一招，不卖会员了，直接卖果树，也就是众筹，先把用户的钱收回来，再把水果卖给用户。这是第五种模式——众筹思维模式。

但是，竞争对手看到张三众筹很成功，也争先恐后地做起了众筹，张三的生意也就越来越差。这时他又想，线下开店成本太高，我要改变渠道，不做线下了，改做线上。所以， 张三慢慢开始用线上电商渠道卖水果。

这是第六种模式——线上电商模式。

一开始，盈利还可以，做了一段时间后，张三发现，流量成本越来越高，利润慢慢开始下滑。

所以，张三又在寻求转型，做社交电商。即让用户帮忙分享裂变，不但可以使用户自己省钱且分享到盈利，还能使裂变速度变快。这是第七种模式——社交电商模式。

做了社交电商以后，他发现盈利更多了，为什么？因为他现在已经做成了平台，可以整合更多的果园，除了卖自己果园的水果，还可以卖其他果园的水果。

而且他觉得仅仅卖水果利润太单一了，所以在平台上卖起了生活用品等，实现同一群用户的价值最大化。

以上是我们过去 30 多年做生意的模式，前 6 种模式都是以产品为核心的产品思维模式；只有最后一种社交电商模式是以人为核心的模式。用微信、社群做生意是趋势，不能停留在原来以产品为核心的思维惯性中。

误区 2：流量思维。

互联网营销是从电脑端开始的。在微信营销之前的时代，叫"流量为王"时代。

比如，我建一个企业网站，或者开一家淘宝店。如果成交转化率为 1%，一单利润是 3 万元，网站每天的点击量为 1000 次，那么利润就是 30 万元。如果点击量是 1 万次，那么利润是 300 万元。

也就是说，流量提高 10 倍，最后生意利润就提高 10 倍。所以，得出一个网络营销的公式：**利润 ＝ 流量 × 转化率 × 每单利润。**

所以"流量为王"的观念深入人心。现在呢？

绝大部分微信营销专家，都是教你们如何快速"吸粉"，各种"日吸百粉""日吸千粉"的教程满天飞。随之而来的是各种营销工具，比如微信多开软件、爆粉软件、营销手机，让你通过各种技术手段去吸引海量的粉丝。可是他们忽视了微信营销的一个最本质的问题：粉丝量的限制与时间成本。根本就没有人意识到微信营销跟互联网营销之间的巨大差异。

"流量为王"的思维，在微信营销上面根本行不通！

举个例子，某老板以前在百度竞价上面装修的广告，客户点击广告链接之后，跳转到销售网页，通过销售网页的引导添加客服，最后来公司签单。

通常这个转化率为 0.1% ~ 0.3%，这里就算转化率为千分之一，也就是 1000 次点击量里成交 1 单，假设 1 单的成交金额是 10 万元。假设投放百度后一次点击的成本是 1 元，1000 次点击量的成本为 1000 元，人工、广告及产品成本合计为 7 万元，净利润为 3 万元。也就是老板花1000 元带来 1000 次点击量，就会产生 3 万元的利润。只需要加大广告的力度，让流量大 10 倍，收益就大 10 倍；流量大 100 倍，收益也就大100 倍。

那么，1000 次点击量与 1 次点击量，乃至 100 万次点击量，对网站的运营有影响吗？是不是影响并不大？只要你把网站技术做好，服务器买好，1 万次点击跟 1 千万次点击，对网站来说并没有什么不同。

但是微信就不一样了，一个微信号只能加 5000 个好友，有数量限制。如果你只有 0.1% 的转化率，卖同样的产品，一个微信号加 5000 个微信好友，最多只能有 5 个成交，赚 15 万元利润。

因此，我们可以得出微信营销的一个结论：**微信有粉丝数量限制，同样的产品、同样的文案，一个微信号无法像网站或淘宝那样，创造无限的财富。**

那么，怎样才能让我们通过一个微信号签更多单呢？最有效的方式**就是提高粉丝质量。**

比如，同样是 5000 名装修类粉丝，如果把成交率从 0.1% 提高到 1%，同样的装修项目，是不是可以获得 10 倍的收入，赚 150 万元？如果把成交率提高到 10%，是不是可以获得 100 倍的收入，赚 1500 万元？

那么微信转化率可以达到多少呢？根据我的经验，可以达到 30%。现在粉丝数量是固定的，我们想在微信上面做生意，唯一能做的就是提高粉丝质量，过滤掉垃圾粉丝，从而提高成交转化率。单纯地用多个号"吸粉"，并不能保证我们签更多单。

网络营销跟微信营销在时间成本上也有区别。

很多人玩微信，缺乏时间成本的概念。比如，你开淘宝店，10 个人咨询产品和 1000 个人咨询产品，对于网站来说，并不存在时间不够用的问题。你可以多请几个客服人员，再多装几台电话，每天来的人越多，就赚得越多。

所以，电脑端的网络营销是流量越多越好，因为流量越大，代表最后的转化率越高。但是微信营销则完全不一样。

请问你一天能同时跟多少人聊天？

你一天能跟 100 人聊天，每人聊上 10 分钟吗？

你一天能跟 30 个人语音通话，分别聊上半小时吗？

我们每天能用微信做有效沟通的粉丝一般不会超过 30 人。你不可能用微信每天跟 300 人做有效的沟通，更不用说微信好友超过 3000 人，甚至几个微信号有数万粉丝的情况。

如果你用营销手机开通了 10 个微信号，你每天的工作就是登录、加好友、换号、防封号，忙得焦头烂额，根本就抽不出时间来跟粉丝沟通交流。那么，纵使你有 2 万个微信粉丝，但这些人跟你没任何关系，这跟百度竞价的流量难道不一样吗？

自然流量的转化率通常只有 0.1% ~ 0.3%，也就是说 2 万粉丝中，最多只有 60 人会购买你的产品。而维护这 2 万粉丝，会让你每天工作 14 小时都忙不过来。

网站或淘宝店就不一样了，同样是 0.1% ~ 0.3% 的转化率，它可以是 20 万次点击量，也可以是 2000 万次点击量，网站可以 24 小时自动运转、自动成交。请问你可以用微信 24 小时自动运转、自动成交吗？

任何人用微信做营销，每天的时间都是恒定的，只有 24 小时，除去睡觉和吃喝拉撒的时间，就算可以花 12 小时在微信上，请问 12 小时内你能跟几个微信好友沟通交流？能给几个好友打电话？况且，你每天还要写广告、发广告"吸粉"、发朋友圈、管理粉丝、清除"僵尸粉"、管理微信群，是不是时间永远不够用？

我们经营微信的时间有限，沟通交流的粉丝数量也有限。既然是这样，请问是粉丝数量重要，还是粉丝的质量更重要呢？

误区 3：橱窗思维。

为什么传统实体店老板用微信很难签到单、赚到钱？为什么以前搞百度竞价、开淘宝店很会盈利的人，用微信却很难赚到钱？

因为这些人根本不理解微信营销的本质是什么。他们认为，既然微信有 5000 个好友，这么大的粉丝量，只要把店铺的产品信息搬到微信上就行了。所以，大部分讲微信营销的课程，就是教你如何发朋友圈。比如晒车、晒房、晒包、晒名人合影照，如何拍照、如何修图，如何晒单、晒客户见证等。

这套方法，在 2015 年之前还是很有效果的，因为当时玩微信的人还不是很多，人们对于朋友圈还有新鲜感。现在不管想买什么东西，大部分人会选择去逛街，或者上淘宝、京东，而不是去翻朋友圈。

既然你自己买东西从来都不翻朋友圈，请问你的粉丝会翻朋友圈跟你买东西吗？所以，凡是把微信当成实体店展示橱窗，把朋友圈当成淘宝店的展示页，把微信群当成线下店内销售的人，可能开始会赚一点钱，但是会越做越辛苦。

特别是现在，很多人发广告根本没有人看。而且，你必须每天加新粉丝进来，只要没有新粉丝进来，你的微信就无法创造收益。所以，有些人得天天加新粉丝，粉丝永远都不够用！

你们想过微信营销跟其他营销方式相比，消费者心理状态最大的不同吗？

人们无论是去逛街，还是逛淘宝、京东，是不是先有买东西的念头，然后再去选择商家？谁是先有购物需求，再去翻微信朋友圈找货？

所以，人们玩微信根本就没有购物需求，这就是真相！

那么，给粉丝发促销广告，在朋友圈发产品广告，这种错误的营销方式怎么能带来好的效果呢？

既然微信营销这么多问题，是不是微信营销没法做了，不好盈利了呢？当然不是。正是因为大部分人的方法是错误的，所以掌握了微信营销核心秘诀的人更容易盈利。那么，这个核心秘诀是什么呢？

腾讯在创造微信之初，就清楚地告诉每一个使用者：**微信就是帮助人们建立社交关系。**所以，微信所有的功能都是围绕着社交关系的定位而设计的，无论是通讯录、朋友圈、微信群，还是公众号、视频号，都是如此。

难道以腾讯的技术力量，设计不了多开软件、自动群发软件、多群直播软件、"爆粉"软件等一系列超级强大的营销工具吗？为什么微信采用极简主义设计？为什么微信打击过度营销？

因为腾讯创造微信的目的是让你跟 5000 人建立社交关系，而不是让你来卖货的！这是微信的底层逻辑。

明白了这句话，你做微信营销才算入门！

那为什么绝大部分想通过微信做业务签单的人，不知道这个秘诀呢？因为他们被盈利的动机冲昏了头脑。强烈的盈利、做业务的冲动会让人的思维一直停留在卖货思维、流量思维、橱窗思维这 3 个误区中，忘记当初手机装微信的初衷是**社交！**

所以，不管现在培训界推出了多少新概念，比如微信营销、社群营销、社交电商、分享经济、社交新零售等，本质都没有变，那就是先做社交，再营销。

在社群营销中，要想让粉丝帮你分享，至少要满足以下 3 个条件：

（1）他感受到了你给他带来的价值；

（2）他认可了你的人品，信任你；

（3）分享会增加他的价值（快乐、名誉、金钱）。

想通过微信做业务，签单盈利，做好社交电商，核心是经营人脉、社交关系，这跟传统的生意模式、电商模式的玩法都不一样。

我想很多人都会认同这个经营社交关系的理念，但是，我们交朋友是随便乱交，人数越多越好，还是只交同频的、质量高的朋友呢？

一个微信号只能加 5000 人，当你建了两个以上的微信号时，时间根本就分配不过来。在有限的席位中，粉丝质量当然越高越好。

那么，如何才能加到高质量的粉丝呢？其实方法并不难，那就是不要盲目地引流，而是有针对性、有标准地去筛选跟我们生意有关，且我们能为其创造价值，能跟其同频的人。

比如，我的手里有 6 个微信号，这 6 个微信号的粉丝都是我们付款的学员。这些学员之所以能为我们创造了几百万元的利润，是因为我是从培训开始做精准引流的。

只有给我们交过学费的学员，才可以加我的微信。这样的话，粉丝质量是不是很高？

为什么我每次都能精准地吸引到高质量的粉丝呢？因为我明白一个简单的道理：**不同的人有不同的特性，有不同的需求，必须有针对性地去"吸粉"，来的人才会是高质量的粉丝。**

钓过鱼的人都知道，不同的鱼在不同的水层，有着不同的生活习性，必须用不同的鱼饵才能钓到你想要的鱼。所以，钓鱼的第一步就是选对鱼饵。

同理，如果你想学会精准微营销，第一步就是设计鱼饵，从源头上就精准地筛选出有需求的粉丝，而不是每天盲目地"吸粉"，天天做很多无用功。

打造高成交率的微信朋友圈

每个人都在玩微信，每个人都会发朋友圈，为什么有的人用微信能创造百万财富，而有的人发了几年朋友圈，月收入却不能过万，接到的业务更是少之又少呢？为什么有些人做微信营销很努力，从早上8点钟就开始刷朋友圈，每天发3条以上的信息，却并不见微信好友下单？

我一天最多发一次朋友圈，甚至有时候几天才发一次朋友圈，但我无论是做软装培训，还是承接项目，每个月总是有粉丝持续地下单和介绍项目。

虽然天天发朋友圈，但朋友圈的真正作用是什么呢？

1. 发朋友圈的误区

（1）朋友圈变成广告栏。

很多软装产品销售人员、老板把电商、实体店的卖货思维，直接搬到微信上，以为既然微信可以加5000个好友，有这么大的流量，那么就把朋友圈当作实体店的货架、淘宝店的展示页。只要把产品展示出来，让更多人看到广告信息，就会有成交。

这种把朋友圈当作发广告、卖货的地方，在这个时代

基本无效！

试问你在微信朋友圈买了多少东西呢？如果你从来没有在朋友圈买过陌生人的东西，那么你的微信好友看到你发的广告会来买东西吗？

最喜欢刷朋友圈的人，通常为软装产品的商家，特别是家具的销售人员，厂家、软装公司的销售人员等。这些人通常的做法是进入大量微信群加好友，然后在朋友圈发产品广告，再配合微信群发广告进行推广。

这些在朋友圈刷屏的行为，已经严重破坏了微信的体验。所以腾讯最近限制多人同时发相同的朋友圈信息。微信是个相对私密的空间，大家都是来交朋友的，没有任何人希望在这里看到产品广告。

所以你要认清一个事实：**微信朋友圈不是卖货和推销、打广告的地方，虽然你偶尔卖出一两单，但是你的朋友圈会被越来越多的人屏蔽，让你越来越没有朋友！**

（2）"鸡汤文"满天飞。

有人会经常在朋友圈转发一些"鸡汤文"，或是关于成功学、演讲、培训、直销、养生的文章。说实话，这些在朋友圈发心灵鸡汤的人，还是花了一些心思的，至少发的内容不会招致微信好友的厌烦，比广告党好多了。

你有没有想过一个问题，这种从别人那里转发过来的东西，你真的看懂了吗？如果真的懂了，为什么没有给你的人生带来转变呢？

看到好文章可以偶尔转一下，但如果朋友圈经常抄鸡汤、警句，经常转载别人文章，就暴露了主人是一个没主见、没有思想、人云亦云、毫无价值的人；同时，还显得你的时间太多，没有有价值的事情可做。

（3）投票砍价类。

有的人为了孩子在某某比赛中获奖，会经常在朋友圈发一些请人帮忙投票的链接；还有人为了抢支付宝红包或一些网站的红包，会经常发一些拼团的链接等。

这样，为了赚几毛几块钱，活脱脱把自己变成了一个四处乞求的微信"乞丐"，你觉得粉丝会跟一个"乞丐"购买商品吗？很多人想通过微信营销接单盈利，却往往因为一些蝇头小利，因小失大！

（4）抱怨、吐槽类。

一个人心情不好，可以偶尔通过朋友圈发泄一下情绪，但是如果经常吐槽抱怨，那么这种人有可能一辈子翻不了身。

有的人生意不好了吐槽，跟老公吵架了吐槽，挤公交车迟到了吐槽，被领导批评了吐槽，年终奖给少了吐槽，菜价涨了吐槽，房价涨了也吐槽。一个经常爱抱怨、爱挑刺、爱吐槽、只有负能量的人，以为把情绪发泄出来，心情就爽了，但是人家从你的朋友圈只看到一个标签：弱者。

如果一个人的朋友圈显示出来的都是负能量、低价值的信息，哪怕他销售的是世界第一好的产品，你觉得会有人跟他购买吗？

2. 身份定位

我们玩微信，首先要明白一件事情，当你加一个陌生人为好友的时候，不管是想赚对方的钱，还是想获得对方的帮助，你潜意识中是不是渴望得到对方给你带来的价值？

同样，别人为什么要加你为好友，他内心也渴望能从你这里获得利价值。好的营销必须懂得从对方利益出发，让陌生人加你微信之后，马上就能获得他想要的好处。所以，你的朋友圈要把自己包装成这样有利用价值的人。

无论你是玩微信，还是玩抖音，最开始的身份定位一定要准确，必须跟自己的生意有关联，否则即使火了也产生不了销售业绩。

那么对于普通人来说，最容易成功而且可以长期创造价值的身份就是行业专家。最没有成本、最有效的方法，就是通过贡献自己的专业知识，去帮助粉丝解决问题，实现他们的梦想。

你能够被别人利用的价值越高，你的影响力就越大。专家是越老越吃香，在一个领域沉淀越久，影响力就会越大，可以持续地影响粉丝，终身盈利。

这个产品过剩的时代，不缺好的产品，只要你有影响力，什么产品都可以卖出去。但是，想成为客户心目中的专家，首先需要有一个清晰的定位，就是你销售什么产品或服务，要把自己定位成该细分领域的专家。

即使这样，也有很多粉丝并不信任你，所以吸引不到多少客户。造成这种局面的原因很简单，因为任何一个领域，都是一个庞大的系统，你不可能样样精通。检查一下自己发布的微信内容，是不是太杂了，根本无法给粉丝树立一个精准的细分领域的专家形象。

从装饰类别来说，设计师分为硬装设计师、软装设计师；从装饰工程性质来说，设计分为家装设计师、工装设计师。更细分的话，还有某一种风格的专家、某一个类型空间的专家等。但是，现在很多设计师什么风格都做，什么空间都做，最后却发现，哪个方面都不出众。

纵观设计行业有成就的人，其设计作品让人一看就知道是他们的手法或风格，他们不是万能的。销售产品也是如此，你销售产品的领域也有很多可以细分的定位，只需要吸引那一部分群体即可。

3. 价值输出

有了定位之后，怎样才能通过朋友圈树立专家形象呢？接下来你需要输出专业价值。

（1）原创文章。

输出价值最有效的方式是写原创文章。朋友圈文章不需要长，几百个字就可以了。我建议你经营朋友圈时专注于某一个垂直细分领域，把自己包装成这个领域的专家，将自己打造成明星。

当然，输出价值也是一件不容易的事，需要付出时间与精力。你不一定要天天写，但在包装出专家形象之前，至少要隔一天写一篇，这样一个月下来就有 15 篇有价值的文章。你要相信日积月累的力量，影响力就是积累出来的。

不管你做什么生意，想在粉丝心目中树立专家形象，至少要花一个月时间来建设朋友圈。先分享一些对潜在客户有价值的知识，打造专家形象。

比如你定位做别墅软装设计师，就不能泛泛而谈别墅设计图纸，而是要全方位地解析各种别墅如何设计才符合客户的需求。有了这个定位，你去网上搜集所有跟别墅设计有关的知识，坚持一年，就会变成这方面的专家。

朋友圈的信息发布是个长期持续的工程，对内容也有相当高的要求，否则我们的微信就很难拥有人格魅力，成不了客户朋友圈里最闪亮的明星。

（2）原创评论。

如果你的专业知识还不足以形成理论体系，那么可以摘抄行业内其他专家写的文章，进行解读与评论，也可以收集跟自己行业相关的新闻报道、事件、文章做点评。

粉丝从你的点评中获益后，就会认为你是行业专家。你解读评论专家的文章多了，最后自己也会变成专家，这本身就是一个学习的过程。

（3）评论互动。

朋友圈除了是向陌生人展示自我价值的舞台之外，还有一个非常重要的作用，就是通过游戏互动，跟陌生人建立情感联系。

比如，有些人想跟你交往，又不知道跟你聊什么；有些人被你的文章或人格魅力所吸引，但是又不好意思主动跟你打招呼。那么他们会通过朋友圈点赞与评论。**总之，朋友圈的作用很微妙，半生不熟的人最喜欢在朋友圈跟你互动。**

所以，平时可以在朋友圈多发点跟粉丝互动的文案，增加粉丝黏性，同时也可以为要销售的产品造势。互动型的文案种类很多，比如游戏类、提问类、评论类等。也就是说，朋友圈需要参与感。

发广告的原则是：硬广告不如软广告，软广告不如有参与感的文案。这类互动型的文案非常重要，起码要占朋友圈文案的 20% 以上。输出价值跟粉丝评论互动是经营朋友圈的重点，要占 80%。

通俗讲，就是你有被陌生人利用的价值，以及陌生人是否有机会利用你，这才是玩朋友圈的核心。

（4）社交认证。

社交认证就是社会对你的价值评价，反映的是你的社会影响力和社会地位。

社交认证主要靠两方面。一是群体评价，也就是你有没有群体影响力。比如组织活动、主持大会，以及设计分享演讲等，说明你有领导力、专业实力。**二是名人认证。**人们会根据你交的朋友，来判断你处在什么样的社会阶层，具有什么样的社会地位。其最快的方法，就是跟名人合影。当名人跟你是朋友的时候，粉丝会认为你也很厉害。

当然，名人不一定非得是明星，也可以是在某个领域内有影响力的人。比如行业圈子内的名人、企业家，地方上有威望的人等。名人效应会让你身上产生光环。

（5）展示人格。

朋友圈除了可以输出专业知识外，还有一个重要的功能，就是让陌生人通过朋友圈动态，来判断你的人品。

朋友圈输出价值只能证明你有专业实力，那么展示你跟其他人的关系，则代表着你的人品，比如你对待长辈、老师、兄弟姐妹、爱人、孩子的态度。

比如，我 2019 年 2 月 2 日发的一条朋友圈，讲一家人在大理旅游，获得 42 个赞、7 条评论。虽然不算多，但这样的内容是可以发的，而且这条朋友圈还带有广告。

（6）展示才艺。

你有什么才艺？可以通过朋友圈展示出来，让粉丝更全面地了解你。比如幽默段子、唱歌跳舞、诗词歌赋等。

（7）娱乐与旅游。

朋友圈还可以展示你的生活方式，比如跟朋友聚会、参加有趣的活动、去外地旅游等。这里重点是展示精致的、让人向往的生活方式。

这种展示自己的生活方式、情感生活、社会关系的图文，重点是让好友了解你是一个真实的人，而不是一个冷冰冰的推销机器、疯狂的销售员。你越有人格魅力，就越容易吸引陌生微信好友，越容易让他们喜欢你、信任你。这类图文可以占 10% 左右。

很多人错误地把心思放在天天秀自己的生活照上，这类图文属于锦上添花的内容，不是经营朋友圈的重点，不要天天发。千万不要像某些人那样，吃个火锅发朋友圈，遛狗也发朋友圈，给微友留下无所事事的闲人的印象。

（8）信任背书。

前面几种方法是通过输出价值，让微信好友感觉你是行业专家，独具人格魅力。是不是做完这些就够了呢？这里还缺了一点，因为这些都是你自己呈现出来的，粉丝对你的信任感还不够。

朋友圈的另外一个重要作用，就是信任背书。借助别人的故事，借助一些机构、老客户等第三方，来证明你的利用价值、经济实力和人品，让粉丝觉得跟你交往放心。

这类图文很重要，因为客户相信别人的评价更胜于你自己的展示。

但是，大家千万不要简单地将信任背书理解为客户见证，结果天天在朋友圈发客户见证，夸自己的产品。谁喜欢天天听你吹捧自己的产品跟公司呢？朋友圈的客户见证，一定要以讲故事的方式呈现出来，并且生活化、场景化。因为人们喜欢听故事，相信故事，不相信广告。

关于如何写出打动人心的故事，在《软装谈单宝典》一书中有一套专业的方法、专门的模板可以借鉴。

（9）促销文案。

最后，就是大家最关心的，也就是朋友圈的吸粉文案——产品的促销文案。很多人根本不懂人们的消费心理，有了新产品就马上发朋友圈，甚至有人一天发 10 遍以上。但是，几乎没有人在他那里买东西。试想，如果有人让你每天看这么多广告，你会不会把这个人屏蔽？

真正的营销高手懂得造势。先铺垫，然后在某个特定的时间引爆销售。

比如，我做培训时，通常一个星期只销售一次课程，前面大量的时间用来培育客户，在每个月最后几天才做一次高端的销售。有了稀缺性与紧迫感，才会让更多客户有行动力。

微信营销不要做零售，天天去找客户，天天去销售，那样很累，赚到的永远是小钱。要学会平时积累粉丝、培育、造势，然后再搞活动促销，在短时间内批发式成交。

比如你从事家具经营，平时可以花 6 天时间来培育客户，然后在周末推出促销活动，一个月搞四次活动。只要成交主张设计得好，一次社群促销活动的销售额，往往超过做零售一个月的销售额。

所以，建议你每个月在朋友圈发促销文案的时间不要超过一个星期，最好控制在 3 天左右，千万别超过朋友圈内容的 10%。

其实，我不推荐朋友圈发"吸粉"文案、促销文案，因为这些会破坏粉丝的体验感。微信营销的战场也不在朋友圈，朋友圈里做好信任积累、成交铺垫就够了。这叫排队式成交法，在后面的章节中会介绍。

4. 发文技巧

什么时间发朋友圈动态最合适？

朋友圈是有高峰期的，但是你不一定知道什么时候是高峰期。

我经过 5 年的时间，根据自己及其他朋友的经验，发现在以下时段发朋友圈更容易让微信好友看到。

早上 7:00—9:00

中午 12:00—13:00

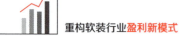

晚上 19:00—21:00

另外，朋友圈内容的形式可以多样化，比如穿插着发图片、小视频、图文链接等。

朋友圈动态要经常更新，但是请不要过量，每天尽量不要超过 3 条。

那么，如果你有很重要的事情，同一条信息要连续发几条朋友圈呢？建议你发新信息的时候，把老信息删掉，这样别人进你的朋友圈时，就会发现里面很清爽干净。

据我观察，真正会做销售的人，通常一天只发一条朋友圈，朋友圈很干净。只有初级销售人员的朋友圈才充满花花绿绿的产品信息，跟大街上的广告栏一样什么都有。在这个时代，朋友圈干净漂亮也成了一种价值。

可能有的朋友会感到奇怪，为什么我不重点讲讲如何在朋友圈卖货呢？

我只能告诉你们，想用朋友圈卖货的人，都有小个体户思维。不管你跟哪位老师学习微信营销，请问，有哪位老师是靠朋友圈卖货呢？朋友圈即使能卖货，一个月能卖几单呢？而且朋友圈很难成交高价格的商品。想通过朋友圈卖货的人，根本就没有理解微信营销真正的战场在哪里。

请问微信营销真正的战场在哪里？

A. 公众号

B. 朋友圈

C. 私聊

D. 微信群

答案是"微信群"！朋友圈、私聊都相当于做零销，微信营销的真正战场在社群中。因为只有一群人聚在一起，才能形成声势，形成"场"。有了"场"的能量，才能实现快速成交。所以，想通过微信接单盈利，关键要靠微信群来做销售。

微信群就相当于线下的会销。只有微信群，才能实现一次成交几十单、几百单，甚至几千单的销售业绩。真正赚大钱的人，都是将粉丝聚集在一个地方，制造氛围，然后进行一对多批发式销售。

高成交率的直播签单模型

在视频直播中，在直播内容没有问题的情况下，成交率的考核标准有 3 个：

第一，在线率，也就是直播时的在线人数；

第二，完播率，也就是能观看到最后的人数；

第三，现场感，直播可以互动，互动可以引发听众的从众心理。

互联网在线直播的流程如下：

第一步：利用微信群发 + 朋友圈造势海报，邀约目标到微信群。

第二步：群内互动管理。

第三步：群内直播或者视频直播，批量成交。

微信讲课的好处是邀约人简单快捷，缺点是成交效果不理想。因为微信随时随地可以听，听直播的人身边的环境无法控制，对方有可能在走路，在开车，更有可能躺在床上，总之环境特别复杂。

那么，如何做好直播成交呢？一般有两种方法。

第一种方法：塑造价值，让客户极度渴望听你的直播，这样他才会认真对待你的分享（我在前面的活动策划环节分享过，直播者的身份包装、直播内容的吸引力等都很关键，如果你一开始就让客户感觉听你直播要花钱，他是不会来的）。

第二种方法：第一时间分享，不要拖沓，最好是建群的当天就进行分享，这个时候是粉丝热度高的时候。

粉丝看了直播以后，如果觉得你的演讲不好，那是不可能成交的。所以，如何分享才能吸引客户听下去，并且实现成交呢？下面是一个可直接套用的模型。

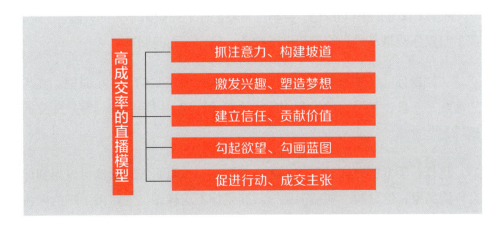

（1）抓注意力，构建坡道。

任何时候做直播，你都要记得，第一个任务就是要马上抓住对方的注意力，不然他可能就会走神，玩手机或者忙其他的事情。如何才能让对方竖起耳朵认真听你分享呢？

答案是：抓住注意力，构建坡道。

传统的人通常一上来先做自我介绍，或者讲一堆大道理，但这是不管用的。你必须从对方的利益出发，构建坡道。

比如，我在直播的时候是这样说的：**"在我开始分享之前，我有两个问题要问你。你现在签单是不是越来越困难，生意越来越难做？你是否渴望掌握一套系统的方法，快速地与客户成交？"**

这个时候，观众就会回答："想，非常想。"这样就可以把所有人的注意力吸引过来，然后顺势做第二步。

（2）激发兴趣、塑造梦想。

抓住观众的注意力以后，要马上激发出他们愿意听下去的兴趣。所以，这个时候你要基于对方的梦想进行塑造。继续上面的例子：

"如果你心中的答案是'想'的话，那么接下来的1个小时里，我将为你解密一套签单高手偷偷在用的快速签单秘诀，以及快速与客户成交的技巧。"

这样，听众的兴趣就来了，因为他知道，认真听你的直播可以得到什么样的结果，这就叫"利益前置"。如果你不这样做，他对接下来的内容很可能不会有太多期待。

（3）建立信任、贡献价值。

前面两步完成后，接下来你就要讲出能让他感觉很有收获的内容。如理念、案例证明、信任背书等，目的只有一个，让观众喜欢你、信任你。

这里有很多技巧，你不需要讲得多么透彻，要多讲别人的案例，塑造你的价值，同时又设置一些悬念。

（4）勾起欲望，勾画蓝图。

很多人与听众建立完信任，就想直接成交，往往效果很一般，为什么呢？

因为你缺少一个步骤，就是勾起对方内心深处的欲望。人们不会为理性买单，而是感性，或者说是为自己的欲望买单。

那么，如何勾起对方的欲望呢？

勾起对方欲望的前提是你要知道对方的梦想是什么。这也是要在建立信任的环节设置悬念的原因，因为你给对方一些甜头，对方尝到了，而且感觉真的很甜，但是又没有被满足。也就是说，对方知道你可以帮他完成梦想，但是又没有被完全告知如何完成。所以，如果要完成，就必须购买后面的产品。

例如，我在讲课时说：**"如果你想在接下来的 3 个月内掌握这套系统的方法，让你公司的业绩翻好几倍，至少一个月多签 30 单的话，建议你参加我的一个帮扶计划，我会手把手教你一套互联网批量接单的方法。"**

用类似这样的话术，点燃观众心中的欲望，让对方从内心里渴望行动。接下来，你要做的事情是给他行动的步骤。

（5）促进行动，成交主张。

最后的行动环节至关重要。很多人以为客户会主动行动，这是非常愚蠢的想法，你需要给对方临门一脚，否则你会损失大量的订单。那么，让客户快速行动的策略就是给客户一个**"无法拒绝的成交主张"**和**"行**

动步骤"。

比如，加入帮扶计划你可以得到以下权益：

① 传授你通过互联网精准找到潜在客户的方法；

② 辅导你正确策划几千人到几万人参与的线上直播活动；

③ 辅导你设计成交流程，让客户主动抢购；

④ 辅导你录制让客户感兴趣的短视频的方法；

⑤ 辅导你选择直播话题和内容的方法，提高成交率；

⑥ 随时随地分享最新、最有效的营销方法，除了可以提高你的产品或者项目的成交率，还可以增加收益；

⑦ 传授网络直播平台"吸粉"成交的方法；

⑧ 手把手指导你成为拥有百万粉丝的专家、达人，让你年入几百万甚至几千万元；

⑨ 帮你搭建属于自己公司或者个人的直播带货平台。

而且，如果你参加我的帮扶计划，感觉没有价值，可以立刻无条件100%退款，并且仍然送给你赠品。

赠送双重大礼。

大礼一：赠送一个属于你企业的直播间和带货商城1年的使用权（如果你搭建一个属于自己企业的直播间和直播带货商城，至少需要花费10万元，每年的流量费至少5万元，总计成本每年至少15万元），仅3个名额。

大礼二：赠送价值超过 1 万元的所有易配者线上直播课程，赠送 1 门线下"软装设计签单策略班"课程，价值 4800 元。

但是，参加帮扶计划需要满足以下 4 个条件：

① 有执行力，能采用我告诉你的方法；

② 是渴望转型互联网接单的软装行业相关从业人员（设计师、家居建材门店经营者等）；

③ 品行端正，不坑蒙拐骗（物以类聚，人以群分，我不愿意帮助品行不正者，因为互联网直播一旦聚集粉丝，盈利就非常容易，如果主讲人品行不端正，就会只想办法收别人的钱，但是不提供服务）；

④ 能轻松支付 3 万元帮扶金。如果连 3 万元都拿不出来，证明你没有成功过，我也很难帮助你成功。如果我帮扶你以后，让你一次活动赚的钱达到 3 万元，甚至更多，这样即使你 1 个月只做一次，一年的收益也有至少上百万（天使计划参与者如果不退 199 元的保证金，可以抵扣 2000 元的费用）。

如果你满足以上条件，请按照以下步骤报名：

第一步：找助理交 1000 元的名额保证金；

第二步：发送你的个人情况介绍；

第三步：我审核你的个人情况，审核通过的补齐尾款。

讲到这里，直播演讲技巧的分享就结束了。希望你能够举一反三，根据自己所在行业的特点和价值点设计权益、赠品、实施步骤、附加条件等，层层深入地激发客户兴趣。

微信群快速签单秘诀

2020 年，无数的软装行业从业者都会面临业务少、成交难的问题。那么，有什么方法能够更简单地获取客户，实现快速成交呢？

答案是通过互联网。

提到互联网，所有人都知道是机会。可是如何通过互联网获客，并且快速成交呢？

这是现在大多数软装行业从业者正在面临的问题。那么，有什么可以直接落地运用的方法吗？

答案是"微信群快速签单秘诀"。

也就是说，通过社群实现快速签单。根据我的实战经验，只需要运用 11 个步骤，就能让客户排队与你签单。如下图所示。

请牢记这一微信群快速签单秘诀。因为这是你后期执行社群活动必须运用的有效方法。接下来我将按照 11 个步骤为你解析执行细节。

第一步：吸引潜在客户人群。

顾名思义，就是把对活动感兴趣的潜在客户吸引进微信群。但是要想最大化地吸引更多潜在客户人群，你需要拥有足够多的基础潜在客户数据。

当下获取客户数据最大的 4 个入口如下：

① 微信（包括微信号、微信群、公众号）；

② 微信视频号（微信视频号的流量相当可观，因为微信有 14 亿用户，他们都有可能看到你的宣传视频）；

③ 抖音（抖音有 4 亿用户，是获取潜在客户的短视频平台，不容错过）；

④ 今日头条（今日头条是国内最大的自媒体流量平台，它是定向推荐模式，只要有关注装修的客户，就会自动推荐信息）。

为什么你做活动没有效果？ 因为你没有掌握一套流程，缺乏基础潜在客户数据。如果你现在要做活动，微信里有 1000 个潜在客户，抖音上有 10 万个粉丝，再配上**"微信群快速签单秘诀"**，你就能永远不缺订单。

那么，如何吸引潜在客户人群呢？

你需要活动宣传海报的方案，如下图所示。

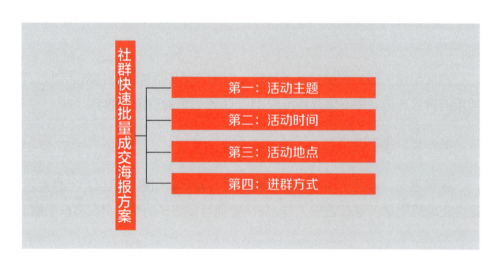

社群快速批量成交海报方案

- 第一：活动主题
- 第二：活动时间
- 第三：活动地点
- 第四：进群方式

案例海报如下图所示。

当你通过海报吸引潜在客户进群以后，在群内需要做以下 3 件事。

（1）明确群内规则。

一个没有规则的群是没有人珍惜的，所以，群内的管理非常重要。当客户进群以后，你要告知进群人员群内的规则。请看如下规则模型：

"欢迎进入XX群，本社群是……（群介绍）。请你第一时间置顶本群。

"本群的讲座活动将在XX时间开始，讲座当天会有礼品赠送，请勿错过。

"参加活动请回复**'参加讲座'**"。

（2）进群客户分类。

一定要为进群的客户做好个人微信标签，以便后期跟踪。

比如，进群客户标签可设为："售卡客户""进店客户""签单客户""意向客户""小区信息""拦截信息"等。

（3）注入认知，铺垫讲座。

在群内的话术铺垫非常重要，你需要引导客户，勾起客户听讲座的欲望，给客户注入认知。

第二步：微信群3天预热。

预热的最后就是互动，通过互动可以带来信任。促进社群互动最好的方式就是发红包。

在这3天中，每晚7:30进群，不断以发红包的形式在群内互动，资金投入在200～500元，根据情况而定。在"红包雨"之后，通过讲座的噱头，在群内发布公司、品牌、团队、讲座老师、赠品等的介绍。

第三步：活动开始前的红包预热。

在活动开始前，一定要进行预热宣传，让群内的氛围热起来。那么，如何预热呢？

活动预热宣传文案模板如下：

"通知：今晚邀约 XX 设计师分享 XXXX 主题。

"分享结束后有大礼赠送，千万不要错过！

"今晚 8:00 正式开始！

"为大家准备了限量免费礼品，请大家不要错过！准点参与！"

第四步：活动开始前签到。

当活动开始前 1 小时，开始签到。发言模式如下：

"活动开始倒计时 1 分钟！大家敬请期待！

"活动马上开始，在线的小伙伴请回复'1'"。

第五步：开始 30 分钟左右的讲座。

为什么讲座的时长是 30 分钟左右呢？

因为讲座的主要目的是建立信任，30 分钟的讲座主要是通过案例讲解，让客户认识到装修选材的重要性，把广告当知识，建立客户的认知，便于后面的成交。

第六步：通过红包的形式发礼品。

讲座结束以后，在群内进行互动，通过红包的形式发礼品。

第七步：告知签单规则。

在有很多人抢到礼品以后，推出一个成交签单方案。例如：

"某产品价格只限微信订购享有，店内不享受微信签单价格。

"由于名额有限，有需求和意向的朋友请加微信客服！

"请各位下单的顾客不要在群里发红包！与客服私聊！

"本次活动微信保证金只需要 200 元，不满意可全额退还 220 元！"

第八步：消除后顾之忧。

任何人交钱都会有顾虑，你需要打消客户的疑虑和后顾之忧，让顾客放心交钱。

请记住，在互联网上，成交的动作大于成交的金额，只有先成交了，你才有机会与客户进行下一轮的沟通。所以，降低成交的门槛尤为重要。一般在互联网上进行成交，200 块钱之内很容易收到钱。

这个步骤的重点是锁定客户。锁定客户以后，让客户转到线下来成交才是最重要的。

特别提醒：这个环节非常重要，客户最担心的是交钱被骗，所以，我们之前通过讲座用 30 分钟讲解客户关心的装修知识，目的就是与其建立信任。但是，人们还是比较担心交钱，所以我说的是交保证金，因为保证金给人的感觉是可以退回的，这样成交就会变得更加容易。

要强调的是，任何一个方案的落地，关键在于执行。三流的方案，用一流的手段执行，它就会产生一流的结果；一流的方案，用三流的方法执行，也会产生三流的结果。

第九步：签单。

前面的动作都完成以后，就是逼单和签单的环节了。你需要注意以下 3 个要点。

① 5 分钟之内必须有人交钱。

② 先与把握大的客户成交，再联系把握不大的客户。

③ 在群内发收款截图，收款文字为"员工 XX、亲朋 XX 先生成功下定一单！"

顾客心理都是这样的，大家都有从众心理，你买我就买。比如，我们走在大街上，看到有人排队买一样东西，我们就会好奇，如果没有急事，会不自觉地排队购买。所以有一句话叫：最好的广告就是排队，从而形成抢购。在社群里面做快速签单也一样，这是签单的关键。

主持人不断地提醒这些客户：抓紧时间下单、交保证金；名额有限；只限今天晚上这 1 个小时，到时间后立刻恢复原价；只限现场交钱的人；九点以后，所有的福利、优惠全部取消……这样即给顾客制造一种紧迫感——限时、限量、限价格。

这里，一定要巧用时间压力，如"离我们八点钟的活动结束还有 10 分钟、5 分钟、3 分钟"，利用时间压力形成抢购。

第十步：结束，表示感谢。

钱收得差不多的时候，我们就开始表示感谢。

"感谢对某某品牌的信任。"

"今天下单的业主们，后期到店里可以进行详细的咨询、选购。本群的任务到此结束，即将解散。"同时，把店里的地址、电话、联系人信息发到群里。

第十一步：线下转单邀约。

社群快速批量成交流程的最后一步就是线下转单邀约。最好在当日签单完毕后的第二天就邀约，因为顾客在交钱后的 24 小时之内最兴奋、对产品最有感觉。所以，第二天立刻邀约客户到店进行采购，让客户在三日之内全部到店为佳。客户交钱后 30—72 个小时是成交黄金期，千万不要错过。客户到店以后，要在成交后趁热打铁，进行追销。

客户抢着付款的保证金成交秘诀

对于软装行业的客户来说，由于消费金额大，一旦交钱就等于决定找你做了，所以他们做决定比较谨慎。但是，由于互联网的问题，如果信任度不够高，你想成交就面临巨大的难题。因此，我们的线上直播活动就不能采用传统的定金方式。那么如何做呢？

最佳解决方案就是让对方看到"成交之后的世界"。在具体介绍之前，我先给你讲一个关于魔法屋的故事。

有一个大叔，他非常喜欢研究奇奇怪怪的东西。于是，他建了一个魔法屋，里面有很多好玩的东西：会飞的海马、悬浮的电视、会跑的垃圾桶等。他想将魔法屋开放参观，收门票盈利，于是在报纸上打广告。很快，游客慕名而来。虽然门票才 100 元，但他们来了以后，却没有人进去。为什么会这样呢？

原来，这个魔法屋太破了，看起来像是一个年久失修的农舍，游客根本不相信里面会有什么神奇的东西。这个时候，如果你是魔法屋的老板，会怎么办？

其实很简单，只需要打开一扇窗户，让游客先通过窗户看到屋里的世界，然后再收门票即可。

因为游客不相信你说的是真的，害怕交完钱后，里面什么都没有。但是，如果在没有付款之前，让对方看到"成交之后的世界"，那么成交就变得非常简单。

在涉及金额较大的软装行业，要想成交，更需要一套完整的营销流程，这个流程在第 4 章第一节中介绍过，如下图所示。

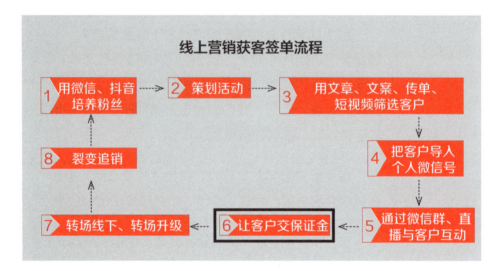

在这个流程中，让客户交保证金是一个具有"杀伤力"和"穿透力"的成交策略。在同样的营销流程里，最后的成交主张改用让客户交保证金的成交策略，转化率在原来的基础上会提升 30% 以上。

这个成交秘诀是对人性深入剖析之后得出的答案。**"人最痛苦的事情是做决定和付钱同时发生"**，如果可以把这两者拆分开，那么，成交就变得水到渠成。下面我来给你举例说明。

案例：通过 100 元的保证金，轻松达到锁客的效果。

具体步骤：

第一步：将客户的痛点作为主题，吸引客户进入我们建立的微信群。

第二步：在微信群不断与客户互动，保持群内的活跃度。

第三步：通过 3 个晚上的直播设计案例讲解，让客户对软装有深度认知。

第四步：第三个晚上的时候，开始询问客户，想不想要我们的设计师为他出一套专属于其房子的软装定制方案。

第五步：如果需要，则限制名额，而限制名额最好的办法是交纳保证金（交纳的保证金是可以退还的，用以打消客户的疑虑）。凡是交纳保证金的就提供平面图、效果图，设计师将在 7 天之内做出设计方案。

第六步：在群内发出收款二维码。当客户不断转钱的时候，把截图发到群里，营造一个从众消费的氛围。

第七步：制作方案，邀约客户到公司看方案。看完方案，如果客户满意就可以直接与客户成交（成交的主张非常简单——100 元可以领取价值多少钱的礼品，并且如果签单可以抵扣 2 万元的工程项目款）。

通过上面的案例，你就可以清晰地感觉到，客户做决定一般分两个步骤，交保证金只需要他做一个付钱的动作即可。如果在线上就让客户决定找你装修，他可能要跟家人商量，那成交就会困难，但交保证金的话，他根本不用跟家里人商量。

到了线下，你跟客户见面了，通过谈方案，建立信任度，这个时候，客户只需要做一个决定，找你签单，这样就达到了拆分成交的目的。

最后送你一句话：**让客户交保证金是让客户有一个成交的动作，互联网时代，成交的动作大于成交的金额，客户只要掏过第一次钱，第二次掏钱就很容易了。**

转单线下的成交秘诀

商业的核心是**"成交"**，前面介绍过保证金的作用，但交了保证金的人未必就能最终成为你的客户，所以转场线下成交就尤为关键。那么，如何才能转单成交呢？接下来我将为你解密成交的秘诀。

1. 成交的 4 个前提

我相信，很多人转型互联网获客以后，成交的方式仍非常传统，而且会感觉生意更加难做。为什么会这样呢？因为大部分人习惯做传统生意，不懂"系统的成交框架"，也不知道成交背后的核心秘诀是什么。

（1）要有营销流程。

不管销售什么产品，在销售之前，你必须设计好一套营销流程，否则将难以达到想要的结果。你不可能完全没有准备地"跳"出来直接销售产品，从一开始的"吸粉"，再到收取保证金，都是与客户不断接触，一步一步地增加信任的过程，之后转场到线下成交，就会提高成交率。

（2）要有成交主张。

请记住，我们卖的不是产品，而是**"主张"**。"主张"是什么呢？

例如：

"通过这几天的案例解析，我相信你一定有收获，但是这些案例都是别人的，跟你的爱好不一定相同。你想不想要我们的设计师免费为你出一套属于你家的独特的设计方案呢？

"由于群里的人数太多，又有那么多人有需求，我们无法为所有人提供服务，只能提供 30 个名额，所以，要采用一个过滤的形式——交纳保证金。也就是说，需要设计师免费做设计方案的，需要支付 100 元的保证金，等方案做完，你来沟通确定以后，我们再把保证金全额退还给你。"

以上的方法就是成交主张，不是在卖设计，也没有卖产品，只是卖了一个行动的动作而已。

但是，你需要注意，如果你设计的主张没有吸引力，那么所有的营销策略都没有用。所以，在做营销策划之前，一定要想清楚"主张"是什么。你的主张只有非常有吸引力，才会让客户无法拒绝。

（3）要跟你的活动主题有关。

比如，你分享的内容是软装设计案例，而提出的成交主张是"亲子教育培训"，这个成交主张就是无效的。但是，如果你的成交主张是"软装设计方案制作""软装项目承接""销售软装产品"，就会轻松很多。

（4）要有信任度培育。

你通过宣传把客户吸引过来了，就想马上和他成交，这是很难实现的。试想一下，如果有人刚加你的微信，就发来一条 1 折促销的广告，你会花钱买吗？当然不会。所以，需要通过社群和直播培育客户对你的信任感。

切记，在没有与客户建立信任之前，不要暴露你的销售意图，不要提成交的事！

2. 设计成交主张

我经过研究发现，打造一个让人无法拒绝的成交主张，只需要掌握 4 个元素。其公式如下图所示。

成交主张公式

成交主张 = **超级赠品** + **零风险承诺或负风险承诺** + **稀缺性** + **紧迫感**

举例： 199 元的课程是如何成交的。

我们线上开有三门课程，分别是"色彩揽客班""软装设计速成班""全案签单班"，每门课程学习 6 个晚上，每个晚上两个小时，每门课程定价 199 元。如果现在报其中一门课程，其他两门课程全部赠送给你，也就是说，花 199 元学习长达 18 天的 3 门课程。如果学习这 3 门课程后没有任何收获，我退你 200 元钱。但是这个优惠仅限今晚报名者享有，只赠送 50 个名额，所以你需要立刻行动。

这个例子包含了所有成交主张模型的内容。

这里需要提醒的是，你的产品质量一定要好，否则越厉害的成交主张就越会害了你。如果你的产品一流（现在做生意，产品质量好不是优势，而是必需的基础），就大胆地承诺，你的退款率不会超过 3%。

下面，我为你解密成交模型中的 4 个部分如何运用。

（1）超级赠品。

在成交主张中，超级赠品的作用至关重要，目的是配合你的主打核心产品，增强客户的购买欲，加快成交速度。但想把超级赠品的微利发挥到最大，必须配合"零风险承诺"一起用。这样一来，即使客户购买之后，对你的产品不满意，最终选择退款或者退货，他仍然可以保留赠品。

很明显，客户只要行动，哪怕退货、退款，最后还是有所得，不会两手空空，这样他就没有理由不行动。那么，如何设计超级赠品？是不是可以随便送呢？

不是的，简单来说，有以下 4 个基本要求。

① 赠品必须是有用、有价值的。

如果你送的东西是无关紧要的，并没有实用价值，客户仍然很难行动。赠品虽然是送的，但是一定要是好的东西，否则等于没送。

② 赠品必须和要销售的核心产品有相关性。

比如，你成交的是软装产品，送的是一张美容卡，显然没有效果，因为这跟人群的核心需求不相关。但是，如果你送收费 2 万元的软装设计方案定制服务，并且客户很渴望得到你的解决方案，则他的行动力就会加强。

③ 即使赠品是免费的，你也要塑造其价值。

虽然赠品最终是免费赠送给客户的，但是同样需要塑造它的价值，要明码标价。如果你只是将一堆赠品陈列出来，那么，这些对客户来讲一文不值。

④ 需要考虑赠品的成本。

赠品要有价值，要跟主打产品相关，同时还需要考虑成本问题，因为赠品也关系到最终的利润。在策划时，最好设计出成本低、价值大的赠品。

（2）零风险承诺或负风险承诺。

① 零风险承诺。

在我们销售产品的时候，阻碍成交的因素有两个：一个是信任问题，一个是风险问题。用户虽然已经相信你，渴望与你成交，但是依然无法做到零担心、零顾虑。

比如，你要预定一辆车，当销售人员告诉你，需要先交 5 万元定金的时候，你却希望只交 1 万元，为什么会这样呢？因为我们的潜意识里总是有一种声音说"少交点"。

其实，在营销中，客户跟你走了那么远一段路，如果在线下的关键时刻，即将成交时退缩了，对于你来说，损失是巨大的。所以，我们需要给客户一个强有力的承诺："如果你购买我们的产品后，没有达到想要的结果，我退还你付出的每一分钱。"

零风险承诺，就是只要客户不喜欢，不管什么理由，我们都会把钱退还给他。

② 负风险承诺。

负风险承诺就是当客户不喜欢某一产品或服务时，我们花更多的钱购买回来。现在你可能有点担心，用户真的来退怎么办？

如果你的产品和服务都不行，质量不好，自己都没有 100% 的自信，我建议你不要用。但是如果你的产品和服务是过硬的，我保证用负风险承诺不会有问题，因为我大量测试过，很少有人退款。

（3）稀缺性和紧迫感。

稀缺性和紧迫感是人们快速决定、快速行动的必备条件，你的成交主张中应该包含这两个元素。但是请记住，设计的稀缺性和紧迫感必须具备可信度。

比如，你的赠品是 1G 的设计参考效果图，你就不要说这个参考效果图只有 100 份，送完就没有了。这显然没有可信度，因为效果图是电子版，不可能送完就没有了。

10 倍客户裂变步骤

在互联网时代，裂变是我们耳熟能详的一个词。裂变就像滚雪球一样，越滚越大。比如，你现在只有 100 个潜在客户好友，但是通过裂变，你的微信潜在客户好友将能达到 300 个，甚至更多。

下面分享一套关于裂变的操作步骤，如下图所示。

只需要运用这 5 个连环步骤，就可以轻松达到滚雪球式的"吸粉"效果。接下来一步一步为你解密。

第一步：让客户推荐朋友加你微信或者将朋友拉进你建的群。

裂变是需要"启动源"的，就像发动机需要油一样。如何启动一次裂变呢？

在前文讲过，当客户在线上交纳保证金后，你要邀约客户到线下来，目的是为了成交。但是，仅仅与该客户成交太初级了。这个时候，你要学会设计裂变的赠品，让客户愿意把自己身边的朋友介绍给你。

第二步：通过社群、直播的方式让客户信任你。

当线下的客户邀请朋友进群或者加你微信以后，你需要做的不是立刻与之成交，而是要让他邀请的朋友信任你。建立信任的方式很多，把他的朋友拉到社群里面，通过互动建立信任就是其中一种。

第三步：让社群里信任你的潜在客户继续邀请朋友进群。

那么，如何让社群里面的潜在客户继续帮你裂变呢？答案是：利益（他想要的东西）。裂变有以下两种方式。

（1）见面礼裂变法。

刚加你微信好友或者进群的人，对你是没有认知的。这个时候你就要赠送他一个见面礼（见面礼尽量是不花钱，但是是客户渴望得到的），通过见面礼快速提升他对你的信任度。

比如，有人加我微信或者进群，我就会送他一篇我写的文章——《设计师如何实现年薪百万》。当客户看完这篇文章以后，还想要我在文章后面留下有用的内容，就要转发朋友圈或者邀请朋友进群才可以，这样就实现了线上的裂变。

（2）朋友圈裂变法。

这个方法很简单，当潜在客户进群以后，你要在群内送客户想要的礼品。如果想要领取礼品，转发一条海报文案到朋友圈即可。

第四步：新来的客户再不断裂变。

如果一天有 10 个人给你转发朋友圈，至少能带来 10 个客户。那么，这些裂变来的客户也不能浪费，要让他们继续参与到裂变中来，不断循环。这样，你的潜在客户就会源源不断地进来。

第五步：裂变后成交。

这样下来，可以实现多重叠加裂变的效果。如果你的启动人数是 10 个，通过这样的循环裂变，就可能达到 1000 个，甚至更多。但是，客户来了不是重点，更重要的是，我们要让来的人实现成交。这时，继续用前面直播的方式成交即可。

以上是一套裂变的操作步骤，采用线上、线下结合的模式。当你掌握这些步骤后，就可以根据自己行业的特征设计属于自己的裂变流程，不断地裂变客户。

第 5 章

重构软装行业
新职业技能模式

软装行业从业者正确的从业技能模型

我曾分享过一段话：为什么孙悟空经历 81 难，最终修得正果？因为他会 72 般变化。那么我们每一个软装行业的从业者呢，是不是也需要变化？答案是肯定的。那么，需要怎样的变化呢？

根据软装市场的变化，我总结了一个软装行业从业者技能模型公式，如下图所示。

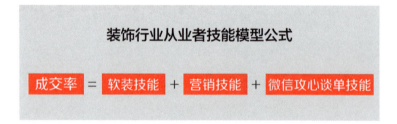

下面一一解析这个公式里的元素。

1. 软装技能

不管你是家居门店经营者、销售人员还是设计师，以前卖产品，只需要介绍好产品，客户就会购买。那个时候不需要太多的技巧，只要有产品就可以卖出去。

但是，随着越来越多竞争者的加入，你需要做各种促销活动，学习各种营销语言、技巧等。即使这样，效果也是越来越差。其实，最主要的原因是产品丰富了，客户生活品质、审美提高了，不像以前只要堆砌好材料就可以。现在不但需要材料好，还需要美观。这样，你就要通过专业技能来引导客户需求。

现在的设计师为什么还有存在的价值，因为即使客户可以在网上找到大量的装修效果图，也还是需要找装修公司设计，主要原因是可以个性化定制。

个性化定制需要专业技能。在未来产品过剩的情况下，软装行业要想更好地销售产品，就只能通过专业引导客户需求来达到成交的目的。

这里要讲一个概念——**"大脑的路径"**。

比如，以前你只要做活动，就会有很多人参加，让你签很多单。但是，现在这种线下活动越来越没有效果，为什么呢？

因为客户已经知道你的套路，他们不会为这种老套的东西买单。这时，你需要改变"入侵"客户大脑的路径，换一种方式来做活动。

例如，把传统的线下活动转移到微信上来，通过微信群做活动。这种转移一开始就会很有效果，为什么呢？因为客户的认知还没有成熟。但是当互联网上的活动越来越多以后，这种方式就会逐渐失效。

这时就需要你通过专业化的方式，改变客户的认知，换一种方式"入侵"客户的大脑，改变客户的大脑路径，达到新的成交的。目前最有效的方法就是提供软装服务。

2. 营销技能

以前，只要把店面开在有人流的地方，就可以带来源源不断的生意。

可是现在的人很多都不逛商场了，人流量从何而来呢？

鉴于这种情况，营销获客变成你必备的技能，如果没有客户，你的店面就会不复存在。未来的店面不是用来获客的，而是用来建立信任的，只是增加客户付费的概率而已。所以，有很多人发现，虽然最近几年开的店面越来越多，可是还不如当初创业的时候盈利多，为什么呢？

因为以前开店的目的是增加客流量，但是现在开再多的店面，客流量也没有增加，甚至客流量带来的订单还不足以支撑你的店面成本支出，到最后店面开得越多，越不盈利。就像有人说的：**"很多人前几年通过运气赚了钱，但是最近几年成功地通过实力把钱亏光了"**，就是这个道理。

软装行业是一个低复购率的行业，要想增加收益，与其多开店，不如学会维护老客户，裂变新客户，循环往复，不断放大。到底如何做呢？总结起来应从以下 3 个方面着手。

（1）选择优质产品。因为在这个时代，优质产品是标配。

（2）不断做客户见证，让更多的客户信任你。

（3）让老客户不断为你介绍新客户。

3. 微信攻心谈单技能

这是我最新构思的一个概念。纵观现在市场的发展变化，无数的客户都是通过网上成交，但是网上成交的基础是信任，而微信是每个人必备的沟通工具。那么，微信攻心谈单的技能尤为重要。我把微信攻心谈单成交技能整理成了 36 计，运用这 36 计就可以达到快速签单的目的。

比如，如何设计自己的微信头像、给微信取名字、经营微信朋友圈，微信沟通的技巧有哪些等。其具体方法我在《设计师成名接单术》里分享过，这里不赘述。

以上 3 个技能是一个闭环，软装技能是基础，营销技能是手段，微信攻心谈单技能是杀手锏，缺一不可。

因此，我建议你，**"如果你现在还不具备这些技能，请你抓紧行动，缺什么补什么"**。

必须学习的 15 个软装新技能基础知识

现在市场上有很多软装培训机构，都在教软装，但有的只教色彩，有的只教风格设计，有的只教签单，不够系统。那么，学习软装，到底需要学习哪些内容呢？这里为你归纳出了需要学习的 15 个知识点。

1. 色彩搭配技巧

在空间设计中，每一个产品都不同，而产品集中放到家居空间以后，就需要你考虑色彩协调性的问题。色彩搭配的关键是协调、统一，在空间中只需要掌握 3 大重点：

（1）背景色在空间中的主体性；

（2）主题色的选择与运用；

（3）点缀色的整体效果。

掌握好以上 3 个重点，就能驾驭一般的空间色彩搭配。如果要更简单一点，你可以根据客户喜欢的服饰提取颜色，将其运用到整个软装设计中。你提取客户服饰的颜色后，把背景色、主题色、点缀色按照空间比例，运用于空间中就会非常漂亮。很多培训机构为了不断收取学费，总是把简单的东西讲得特别复杂，但"大道至简"，越简单的东西越是精髓。

2. 风格

所有的软装设计师，在风格方面必须具备以下两个方面的能力。

（1）风格的辨识能力。

软装设计师必须能够辨识各种软装设计风格，知道这些风格的家具、布艺、灯饰、饰品等特征，是在什么样的历史条件下形成的，有怎样的故事。这些都是需要软装设计师去了解的，因为这些对软装设计具有指导意义。

（2）风格的应用能力。

虽然现在的市场上，没有要求一定用同一种风格，但是在整体的软装设计中，还是需要保持风格的统一性。作为专业人员，运用专业的知识，帮助客户做出符合他们喜好的设计风格还是很有必要的。

这些都需要你对各种风格有清晰的认知。不同的时代，流行的风格各不相同。总之，风格的运用能力是在你掌握风格元素的基础上实现的，风格知识是你必须具备的知识。

3. 软装方案的制作

软装方案的制作需要运用 26 个要素，这是我根据市场签单的需求总结出来的。只要掌握这些，就能让你对软装有整体的把控。套用这 26 个要素，你就能制作出秒杀对手的设计方案，达到快速签单的目的。

那么，软装方案设计的 26 个要素到底有哪些呢？请看下图。

营销型软装方案设计 26 要素

1	封面	14	调整后平面图
2	目录	15	玄关或客厅装修效果图
3	团队介绍、个人介绍	16	玄关或客厅软装搭配图
4	客户信息	17	客厅智能家居场景体验
5	生活方式定位	18	玄关及客厅软装产品明细表
6	灵感溯源	19	餐厅装修效果图
7	设计主题	20	餐厅软装搭配图
8	格调定位	21	餐厅软装产品明细表
9	风格定位	22	卧室装修效果图
10	色彩定位	23	卧室软装搭配图
11	材质定位	24	卧室软装产品明细表
12	流线分析	25	软装产品汇总表
13	原始平面图	26	结束语

4. 设计师工作流程

在软装设计中，不懂流程会造成很多亏损。我跟无数的朋友交流过，凡是在 10 年前做软装的，都会遇到亏损，有的甚至亏损几百万元。为什么会这样呢？

因为软装的细节太多了。整个流程中缺少任一环节，都会导致后面的产品无法入场安装。那么软装设计师的工作流程有多少步骤呢？总结出来共 20 个步骤，且每一个步骤都不能缺少，如下图所示。

5. 软装产品选配

软装设计不是产品的堆砌，每一个场景的软装产品，都需要你仔细斟酌、合理选择，而这些产品的选配涉及样式、色彩、材质、美学等。所以，你需要掌握这些产品的特点和运用技巧。

6. 软装产品的摆场

专业人士摆场和客户自己摆场有本质区别，如果你摆放的空间与客户自己摆放的空间差不多，那你就失去了存在的意义。再有，如果需要摆场，设计师就要掌握基本的设计规则和陈设构图。

7. 软装产品的采购

软装的利润来源于两个方面：一是设计费，二是软装产品采购的利润。采购利润是比较大的收益。作为软装从业者，采购是你的生存之本。

8. 室内软装照明设计

在室内设计中，照明设计是一个体系，不同的照明方式，不同的空间氛围，涉及的照明类型与软装场景塑造也不同。作为软装设计师，你更应该知道空间场景照明的选择与运用，因为灯饰可以更好地展现出软装效果。

9. 软装平面布局

软装平面布局与传统硬装设计布局不同，更多的是考虑软装产品的摆放和客户的生活方式。你必须通过了解客户的生活方式，制作符合客户生活方式的软装平面图。

10. 格调搭配

格调是人们对居住空间的情感诉求和艺术升华，引申为组成整体的事物的构成及其相互影响，最终达到提升居住空间的情感氛围的作用。

格调设计需要从客户的生活方式入手，依据客户的生活状态、族群属性，继而找到与他们相对应的色彩、风格，最终以整个空间的某种格调展现出他们未来的生活愿景。它涉及材质、元素、色彩和造型。

11. 平面流线

简单来说，如果是家居空间，平面流线就是家庭成员的生活路线；对于公共空间来说，平面流线就是营销成交路线。

比如，你在设计一个售楼处房间的时候，要考虑从进门开始，如何引导客户进入哪些空间，看完以后直接到哪里完成付款成交。如果是设计家庭空间，你就需要考虑客户家人的生活习惯，特别是老人、孩子的生活动线，避免相互打扰等。

12. 客户的生活方式

生活方式是不同的个人、群体或全体社会成员在一定的社会条件制约和价值观念指导下所形成的满足自身生活需要的全部活动形式与行为特征的体系。生活方式具有以下含义：

（1）指日常生活领域内的活动形式与行为特征，这是生活方式的相对狭义的含义。

（2）指由个人的情趣、爱好和价值取向决定的生活行为的独特表现形式。在这个意义上讲，相当于生活风格的概念。

只有掌握不同群体的生活方式，才能设计出符合客户需求的居住空间。

比如，当前中产阶层的主流生活模式如下所述。

门厅：换鞋，脱外衣，将钥匙等放在门厅处。

更衣间：更换舒适的家居服。

客厅（起居室）：晚餐前和家人交流。

餐厅（早餐厅）：聚餐、聚会使用较多，晚餐是正餐时间。

卫生间：两个以上，主客分开。

书房：看书或者工作。

卧室：私密空间，主人享受充分放松的状态。

活动室：进行娱乐、健身等休闲活动。

设计师要根据客户生活方式的不同，找出设计的要点和功能布局。

13. 软装资源整合

软装中涉及8大软装产品（即家具、灯具、布艺、饰品、挂画、植物、日用品、收藏品），需要你拥有强大的资源整合能力，资源越丰富，软装越好做。因为软装属于定制化的，所以资源的丰富尤为重要，只有这样才能满足客户的多元化需求。

14. 品鉴设计好坏的能力

很多人看一个作品，知道它看起来好看，但是说不出来为什么好看，自己设计作品的时候，也没有办法修改、深化自己的设计方案。所以，你需要学会如何品鉴设计作品的好坏，这样才能不断提升设计水平。

15. 行业流行趋势的把控

对软装设计师而言，如果你对当下的流行趋势不了解，你将无法满足客户需求。所以，多出去逛市场、逛展会是软装从业者必须做的事。

软装从业者必须经历的 5 大阶段

　　无论你是设计师、销售人员还是家居门店经营者，要想抓住新的趋势，更好地成交签单，有 5 个阶段是必须经历的，它们决定你最后的成交率和成交额。

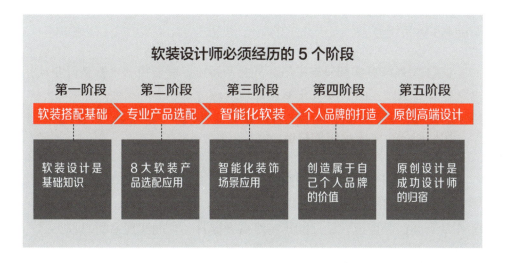

　　上文中介绍了软装学习的 15 个知识点，其中涵盖了第一阶段和第二阶段的内容，故下面从第三个阶段开始介绍。

第三阶段：智能化软装。

10 年前，我们难以想象，现在可以视频通话。而未来呢？是否还需要手机？其实，智能化软装就是家居的未来。现在的智能化软装主要包括 3 大系统的应用。

（1）智能安防系统，比如燃气报警系统、门禁系统、监控系统等。

（2）智能场景系统，比如智能灯光系统、智能窗帘系统等。

（3）智能娱乐系统，比如智能背景音乐系统、智能客厅影院系统、智能 KTV 系统等。

这 3 大系统其实都是未来生活的必备系统，需要每一个软装行业从业者了解并且运用，因为这 3 大系统能有效提高每个人的生活品质。

第四阶段：个人品牌的打造。

个人品牌的打造在前面的章节中就有介绍，但要重点强调的是，你要学会从专业实力的包装、行业地位的包装、互联网的包装、官方地位的包装 4 个方面包装自己，让你的知名度得到提升，从而实现名利双收。

第五阶段：原创高端设计。

未来，软装设计师会分为两种类型：一种是普通销售型软装设计师，通过专业的软装设计服务，引导客户签单；另一种是高端原创设计师，其特点就是有名且能获利。

一般来讲，高端软装设计工作室就是高端软装设计师的标志，这种级别的设计师主要承接本地一些高端的软装项目，签单额一般在几百万元。

根据以上 5 个阶段的介绍，请你给出一个属于自己的个人定位，你未来想做什么样的人？

如果你的定位是普通软装设计师，则最高阶段是第四阶段；如果你的定位是高端原创设计师，就必须把 5 个阶段全部走完。

软装设计师未来要走的两条路线

上节介绍了软装设计师必须经历的 5 个阶段，在第五阶段中提到了未来软装设计师的两种类型，定位不同，最终的结果不同。

1. 普通软装设计师

普通软装设计师指通过软装专业设计服务，销售软装产品的设计师。这个群体包括：家居门店经营者、8 大产品的销售人员等。

普通软装设计师只需要掌握基本的软装搭配知识，学会包装一下自己，就可以通过专业结合自我包装做出不错的业绩。这种群体的人数最多，竞争也最激烈。

定位为普通软装设计师的朋友，现在请抓住客户认知红利的机会，最近几年通过软装引导签单是你不错的职业选择。但是随着市场的发展，从业人员不断增加，这种优势会越来越弱化，到时仍然要拼销售谈单的能力。

2. 高端原创设计师

高端原创设计师需要经历上节所讲的 5 个阶段。这种设计师拼两个方面的实力。

（1）知名度。

越是高端的客户就越注重品质，他们不是担心多花钱，而是担心你做的设计不能达到他们想要的效果，更注重风险问题、名誉问题。

如果你的客户是经济条件足够好的人，那么他很可能会找一个知名设计师为自己做设计。如果这个知名度高的设计师还能给他一定的优惠，他会感觉很好。但是，如果你没有知名度，即使是免费设计，他也不会找你，因为你的知名度跟他的身份不匹配。但是，一旦你接到这种高端的项目，做得让客户满意，之后你就会拥有更多的优质设计项目。所以高端原创设计师的知名度打造尤为重要。

（2）原创高端设计。

我在中国纺织品科技大会上做了一次我国软装行业流行趋势的发布：未来，中华文化即将复兴，以前流行的设计风格很多源自西方国家，比如前几年流行的新古典风格、美式风格、欧式古典风格等，但是现在开始流行轻奢风格和新中式风格。我国的软装行业未来将会走向新的方向，我把它命名为"新时代软装主义风格"，为什么会有这样的一个命名呢？

我国的文化、艺术博大精深，是我国 5000 年文明留下的宝贵财富。在新时代背景下，如果能把各地方优秀传统文化、艺术进行二次创作，是不是就是一次文化艺术的复兴呢？这个复兴会得到越来越多人的喜欢，而以后的高端原创设计师，需要结合当地的文化、艺术和客户的生活背景去挖掘新的设计创意，实现新的创意突破，不能像以前一样，单纯模仿国外的设计。

请你从现在开始，思考将来的定位吧。你的定位决定你的未来。

第 6 章

重构软装行业
谈单新布局

软装行业新谈单布局模型

我在另一本书《软装谈单宝典》中讲过软装谈单的知识，任何行业，无论市面上有多少种销售谈单理念或者技巧，无非就是围绕以下3大核心做文章，以达到成交的目的。

信任布局系统
（与客户建立信任关系）

认知改变布局系统　　　　欲望布局系统
（改变对方的思想观念）　（激发对方的购买欲望）

软装谈单有3大布局系统。

第一布局系统： 信任布局系统。如何第一时间建立信任，让客户信任我们。

第二布局系统： 认知改变布局系统。改变客户的传统观念，颠覆客户的传统认知，树立你的专家地位。

第三布局系统： 欲望布局系统。任何谈单都以成交为目的，激发客户购买欲望是最为关键的环节，也是最能促成成交的环节。

如果你已经熟悉谈单的3大布局，下面我要给你解析在新时代背景下，谈单市场的变化。我把它总结成如下的软装谈单公式。

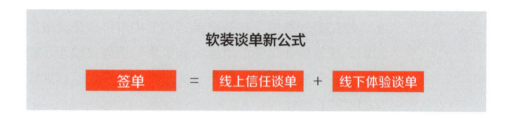

什么是线上信任谈单？

在互联网时代，客流已经转到线上，而承载线上成交的方式就是微信沟通工具。如何通过微信和一个陌生客户进行成交呢？

这就是我要说的线上信任谈单技巧，你要在没有见到客户的情况下，就能通过线上的微信沟通工具做好信任布局，让客户在短时间内信任你，并且向你付款。在下一节中，我会介绍微信是如何实现线上布局成交的。

什么是线下体验谈单？

现在这个时代"无体验不成交"。通过线上谈单只能实现小金额成交，只有到了线下，才能真正地实现大金额成交。尤其软装行业与其他行业不同，客户只有到你的店面看到产品，才会放心地把大金额的款项支付给你。

那么，如何轻松获取线下大金额的款项呢？

最关键的一步就是线下体验馆的场景设计和专业度的塑造，让客户到了你的店里或者公司，就不想离开，而是直接跟你签单。那么，如何在线下布局信任环境，赢得客户信任呢？后面的章节中有详细解析。

软装行业谈单线上布局新模式

上文提到软装行业谈单新模式，一个是线上信任谈单，一个是线下体验谈单。本节主要为你解析使用微信进行线上信任谈单。

微信如果使用得当，能让你获得源源不断的订单；如果使用不好，它就只是一个聊天的工具。但是我相信，对于大多数人来说，它只是聊天社交工具而已。那么，到底如何使用微信进行谈单呢？

首先，你要明白微信的作用是什么。

1. 客户的购买场景已经发生前所未有的改变

原来客户的消费方式是去店里购物，但是，现在很多人已经不去店里了，通过网络就可以购买到自己想要的东西。既然如此，请问，客户都不来店里了，而你是开家居建材店的，天天守着店，客户不进门，是不是只能干着急？

当然得想办法，对吗？那么，既然是想办法，我们就要先分析客户在哪里。

A. 在淘宝

B. 在京东

C. 在抖音

D. 在微信

E. 全部都有

正确的答案肯定是 E。在这几个平台中，微信是每一个人必备的社交工具，你想要找的人都在，你只需要在微信里面找到潜在客户，就可以启动你的生意。

微信是流量的来源，也就是客户来源。无论用什么方式引流来的客户，最后还是要沉淀到私域流量池，也就是你的微信，通过微信来成交。

2. 你可以不去门店，但是必须用微信随时随地做生意

店铺不管多大，都会受地域限制，即你所服务的客户市场半径是有限的。在这种形势下，通过互联网寻找客户变成了新的营销获客手段。目前，微信的使用者最多，只要你的微信拥有潜在好友，就不会缺少业务。微信根据实操的变化，推出了 3 大功能。

第一，微信视频号。很多人都在说，短视频是机遇，抓住短视频就抓住了未来的红利。微信视频号就在微信朋友圈的下面。"朋友圈只能是你的好友观看"，而"视频号"所有人都可以观看。那么，微信有 14 亿用户，你的产品就有可能被 14 亿人看到。所以，微信视频号是你需要抓住的第一个风口，特别是现在，如果你能通过视频号积累上百万粉丝的话，何愁没有业务？

第二，腾讯直播。现在很流行直播带货、直播签单，把腾讯视频号与腾讯直播打通，如果你的视频号有几十万浏览量，然后配合你的直播，你的生意也不用愁了。

第三，公众号。以前可能你没有重视公众号，也不知道具体如何通过公众号做业务，但是现在公众号开通了付费阅读，阅读文章也需要付款，但是这个不重要，重要的是，通过视频号引流，通过微信公众号可以直接让客户在微信公众号的商城下单。

到现在为止，你应该已经知道微信到底有多重要了，那么接下来，我将为你解密，如何用好微信，让你的业务源源不断。

前几年，我的一个学员告诉我，她的微信有 4000 多个好友，每年能给她带来 400 多万元的销售业绩。

我们公司，每个员工的标配就是 3 个以上的微信号和一部手机，每一天的工作就是不断寻找潜在客户，加入微信，然后通过微信群授课，达到成交的目的。一个微信号有 3000 多个微信好友的话，一年能带来 20 万元左右的销售业绩。

既然如此，到底如何做呢？

首先，产品决定你的市场销量。

市场决定了你的客户量。你选择产品，要看产品的市场容量！

家居软装行业从业者做的大部分产品或者服务的复购率较低，所以我们需要用不一样的方式来做销售。

第一，产品多元化合作经营。比如，你是销售建材的，你要学会整合

家具、窗帘、壁纸等公司，通过这样的方式，增加客户的复购率。

第二，做客户见证。通过客户见证，吸引更多微信潜在客户咨询购买。

第三，转介绍。让客户推荐朋友加你微信，介绍新客户。

在家居建材行业，客户回头购买周期太长，所以，做好客户见证和转介绍是一种非常有效的方法。结合微信更容易成交，所以也催生了一个新的谈单模式——微信客户谈单攻心成交术。包括如何通过微信与客户快速建立信任关系，如何通过微信更好地塑造产品价值，如何在微信上说话才能让客户轻松付款等。

关于产品，我要给你一句忠告：由于互联网的发展，信息的传播速度非常快，如果你想做好生意，质量永远是你的生存之本。

其次，微信是社交的工具，不是聊天的工具，你的微信代表你的身份，也就是你的个人标签。

要打造属于你自己的个人标签，也就是现在大家所说的个人IP。这是一个自明星的时代，你就是一个超级IP，客户认可的是你这个人，只要认可你，你卖什么，客户都喜欢，如果不认可你，你的产品再好也少有人买。这就是店面业务员离职以后，能把客户带走的原因。

互联网时代，你的微信名字如果是"软装设计师"，那么别人会认为你是专业的软装设计师；如果是"窗帘壁纸搭配设计师"，别人会认为你是做窗帘壁纸搭配的专业人员；如果是一个很随意的名字，客户就对你没有认知，你就需要很长的时间让客户建立对你的认知。

我的《设计师成名接单术》一书其实就是让你通过互联网打造自己的

超级 IP，让客户主动找你成交。

有一次，我的一个学员告诉我：他按照我书上的方法，修改了头像、名字，并按照步骤发朋友圈，一个星期的时间，给他带来 7 个客户。这就是互联网时代的威力。

既然微信这么神奇，如何使用微信布局呢？概括起来有 5 个要点。

（1）微信头像的使用。

我们加一个人的微信时，一般会先打开对方的头像，看看这个人，然后再进入他的朋友圈，了解他是做什么的。微信头像不同，给人的感觉完全不同。

用微信成交的核心是信任感的建立。

你可以站在客户的角度思考一下：对方是什么模样你都不清楚，你买东西时心里会不会有点担心？

在这里我要强调：真实带来信任！

为什么我在讲课的时候，都会提前录制一段视频呢？其实就是为了与客户建立信任关系。因为很多人跟我是第一次见面，没有任何的信任度，也没有信任感，通过视频，客户对我的信任感就会提升很多。

我相信你遇到的客户也一样，你们都没有见过面，或者只是一面之缘，如何让别人信任你？这就需要你在各个角度做好，让客户看到你的微信就像看到你本人一样，所以，今天你的第一个任务就是修改个人微信头像。

（2）微信名的使用形式。

微信是社交的工具，想让客户记住你，就不能用网名，更不能用符号等。时间长了，客户可能不记得你叫什么名字，但是客户会在微信里搜索你的职业等关键词，比如设计师、软装、家具、壁纸、窗帘、地板等。

如果客户能通过这些关键词找到你，你就会因此赢得这个客户，反之，你将失去一个客户。如果你想在微信做业务，请把你的名字修改为"关键词＋真名"的模式。例如："软装设计师龙涛""窗帘、壁纸龙涛"等（不要用公司名字，别人对你的公司不感冒）。

注意：名字前面别设置一堆 A，这个方法已经过时了，而且潜在客户很容易把你删掉。

（3）微信朋友圈封面的运用。

微信朋友圈封面是一个展示的窗口，就像网站的宣传图一样，千万不要做成风景图、鸡汤文之类。

我的微信朋友圈封面就是我们学员的大合影，你可以做成公司的宣传图、产品的宣传图或者你个人的宣传图，就是不能浪费这么好的位置。

（4）朋友圈打造。

很多人的朋友圈全是广告，这样很容易被拉黑。朋友圈内容要丰富、多元化。

① 个人动态。主要发家人、孩子去哪里玩，吃的什么美食，显示你的真实状态。但发个人生活动态，不是炫富，否则容易引起反感，被人拉黑。

② 产品体验。发一些使用产品的感受。

③ 小干货。发关于你产品的干货，让别人看了能产生共鸣。

④ 客户好评。就是发客户使用了你的产品后好的评论，当作客户见证。大家要记住：客户不相信你说的，客户相信客户说的。

（5）福利互动。

① 点赞。比如，点赞第 8、18、28 条，有小红包，或者小礼品。

② 评论。比如，当天参与评论的，逢 9 的，都会送一个 200 元代金券。

③ 抽奖。比如，当天在我朋友圈点赞的业主，我会拉你进小群，你可以在群里抽奖。最大的奖是 500 元的红包。

点赞、评论、抽奖，是朋友圈福利互动常用的 3 种方式，大家可以试一下。

当然了，朋友圈的发布还有很多技巧，我在《设计师成名接单术》一书中都有详细讲解，这里不再做过多介绍。

特别强调：微信就是你促销和成交的平台。

在微信里与客户成交有两种方式。

第一种：你要和那些和你互动比较好的业主进行一对一聊天，从而成交。

下面给你分享一个朋友圈成交模型。

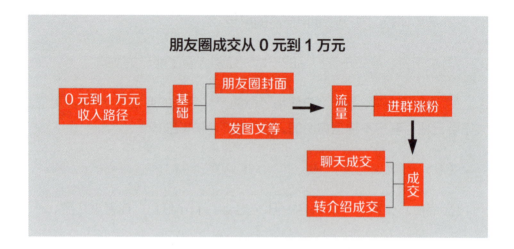

如果你用朋友圈一对一成交，你的业绩只能是从0元到1万元的样子，也就是说，成交的金额比较小，成交率也比较低。那么一对一私聊成交到底如何做呢？总共有4步。

第一步：赞美客户，用来拉近距离。

第二步：挖掘客户购买动机。

第三步：询问客户想要的装修效果。

第四步：演示效果、提供客户见证。

举例："这款墙布很适合您家的风格，您来看看。"

"这是我们其他业主家装修的效果，以及他们的评价。"

"还有几个风格的墙布也很适合，你也可以参考一下。"（关联推荐）

第二种: 用多群批量成交。如下图所示。

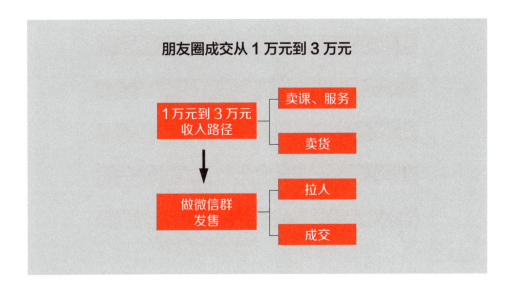

如果你用群批量成交的话,你的成交业绩大概在1万元到3万元,也就是说你的业绩更好。

3. 互联网客户信任推进术

客户加你的微信后,你要快速拉近你与客户的关系,与其成交。下面介绍一个交流方式与客户信任关系模型。

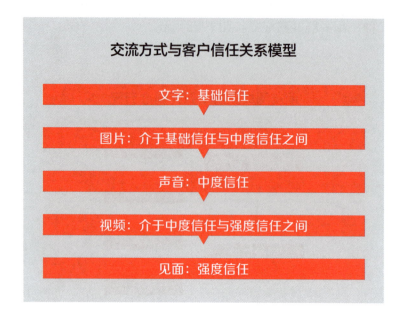

（1）文字。

在网络中，最常用的主要交流媒介有 4 种，分别是文字、图片、声音、视频。最基础的信任来自文字。在与客户沟通的过程中，文字只是沟通的开始。

（2）图片。

如果你的微信头像是自己的照片，或者所发的朋友圈中有自己的照片，那么，客户对你的信任度就会得到提升。

（3）声音。

文字和图片之后就是声音了，如果你一直和一个网友在微信里用文字聊天，但是你从来没有听过他的声音（即使他发过自拍照），你就无法确信对方是真实的人。

当对方用语音跟你聊天后，你就能立刻感觉到对方是一个活生生的人，并且你会将文字、图片、声音自动组成一个画面。

所以，在与客户的交流中，声音很重要，这是一个可以把信任推进一步的关键。

（4）视频。

如果潜在客户是通过你的视频认识你的，那在网络中就达到了最高信任度，因为视频有画面、有声音，客户可以感受到你的个性、外表，你可以瞬间与你的客户建立联系。

你可以想象一下，如果你的客户问你问题，你直接跟他微信视频聊天，会发生什么？我保证你们聊完之后，你们的信任关系将有一个很大的跃进，他甚至会在跟你聊完以后直接跟你签单、付款。

（5）见面。

如果你要把人与人之间的信任关系推进到极致，那必然是直接见面。线下的见面与网络世界中的信任是无法比较的，因为见面是我们用五官同时收集信息，这对我们的影响非常深远。所以，我们需要进行线上、线下的谈单布局，也是这样的道理。

软装行业谈单线下布局新模式

前文讲过，在新时代背景下，谈单的场景分为两个部分，一个是线上，一个是线下。客户在线上支付费用以后，要邀约客户到线下谈判成交，也就是谈单布局中的线下成交布局新模式。那么，**如何布局线下谈单场景，让客户体验式成交呢？**

可以从以下两大方面进行。

1. 专业度的打造

未来，每个软装行业从业者都必须具备一定的软装设计专业技能。如何将这些专业技能体现出来呢？一般有两种形式。

（1）荣誉墙。

在你的公司或店面里，要做一面荣誉墙，放上设计师的各种荣誉和职业技能证书、行业奖项、公司取得的行业授牌等，也可以在公司的一面墙上挂出设计师的大型海报。通过环境氛围的塑造，重塑客户认知。

（2）作品集或者书籍。

我建议你们公司或者设计师出一些作品集，也就是你们做过的案例，当然了，如果你们实体没有好的案例实拍图，你可以做概念图，总之要让客户可以亲眼看到。

2. 软装场景体验

"无体验不成交"，当客户来到店里以后，你一定要让他们有一种全新的体验。最好的体验方式就是1∶1还原家居场景，可以通过软装＋智能家居软装的形式综合展示，让客户从进门的那一刻开始，就在体验新时代居住空间的新方式。

比如进门的时候，通过人脸识别，门自动打开。踏入家门的那一刻，玄关灯自动开启。换完鞋子，客厅的灯光慢慢打开，窗帘缓缓开启，背景音乐开始响起。电视自动打开，客户坐到客厅的沙发上，就能享受到在电影院看片的感觉。

我所说的软装场景体验，其实就是让客户从视觉、听觉上得到前所未有的满足感、优越感，促使客户有消费的欲望，让客户心生向往，配合你的设计方案，实现高成交率和高成交额。

以前一个客户来了，你可能只能卖一个类型的产品。但是通过这种全新的体验模式，你给他的是整套解决方案，而这套解决方案能让你把更多的产品销售出去。

总的来说，线下谈单布局新模式就是通过环境的塑造，结合谈单的技巧，让成交变得更轻松。所以在未来，线下店面是建立信任、体验成交的平台，而不是引流的平台。

第 **7** 章

重构软装行业
实体店发展新模式

软装行业实体店新模型

未来的实体店将会发生巨大的变化，这个变化主要体现在功能需求上。那么，未来的实体店或者软装公司到底会发生什么样的改变呢？

1. 服务

未来的实体店或者公司的存在是用来做服务的，也就是有一个办公场所，便于为客户提供面对面的服务。

2. 聚会

我们可以在自己的公司或者店面邀请潜在客户过来聚会，每周举办各种不同类型的小型主题分享交流活动，把公司变成一个聚会的平台。

3. 体验

就像上一章最后一节所讲的那样，未来通过线下谈单成交，实体店主要用来做场景体验，让客户感受到不同之处。为什么很多卖高端红酒的，都要搞品酒会呢？其实是为了通过这种品酒会实现体验式成交。未来的家居软装行业，也必将走向这样的方向。

4. 培训

随着市场的发展，会有越来越多的产品过剩。要想更好地销售产品，就需要对客户进行需求引导，也就是挖掘客户的深度需求。培训就是一种很好的产品销售方式。

未来的很多公司都将是培训公司，通过培训的形式培养客户，让客户买单。

5. 增加别人对你的信任度

这个问题已经在前面讲过，你应该明白，客户给你交钱是源于信任。实体店的存在，就是让客户信任你，放心地把更高的费用交给你。

软装体验馆新体现形式

未来，所有的软装公司、家居门店的体现形式都会发生巨大的变化，传统的经营方式和体现形式将会被新的商业模式所颠覆。未来能盈利的公司必须掌握如下7个要点。

1. 软装公司和家居门店向体验馆转变

在前面的章节中，我已经讲过体验馆的重要性。所谓"无体验不成交"，只有专业与体验相结合，才能更好地促进签单。这就是现在很多大的软装公司都在建立体验馆的原因，就是让客户来公司以后，可以体验产品、装修设计、施工工艺等。

但是，现在很多装修公司的体验馆并不是那种理想的体验馆，多半是材料的展示，场景体验间的方向也是有问题的。具体如何设计全新的体验馆呢？后面会详细地分析。

2. 体验馆的选址发生改变

现在大多数装修公司、家居门店都位于建材城，因为有天然客流量。但是未来，这种天然流量的红利即将消失，传统店面如果选址在这些地方，将会面临以下两个难题。

① 同行互相排斥。

未来，大多数企业的客户都将通过互联网引流，如果店面都选在建材城，你花精力引流到线下的客户有可能会跑到别人那里成交。

② 租金贵，客流量不大。

这是现在家居软装城的特点，如果客流量与你的接单数量严重不匹配，那就没有必要在建材城开店。

既然如此，如何选择未来体验馆的位置呢？有以下4个地方供你选择：

A. 老城区

B. 楼盘聚集区

C. 建材城

D. 新区

下面，我先为你分析一下找我们做软装装修的客户群体。

一般情况下，他们是30～40岁的青壮年或者中年人，可能在国企、事业单位工作，职业可能是教师、医生、企业经营者等。你想象一下，这些人会在哪里出现呢？

根据以上特征，我再给你列出选择体验馆位置需要考虑的6个标准。如果满足这6个标准，就能找到正确答案。

第一，交通方便、容易停车。车已经成为每个家庭的标配，衡量目的地的方式不再是公里数，而是花费的时间。比如，你开车进城，虽然路程较短，但是经常堵车，即使只有5千米，也有可能花一两个小时，但是只要不堵车，即使是 20 千米也花不了多少时间就到了。

进城还可能遇到停车难的问题，这是众所周知的。所以，这样的情况下，那 4 个选项中的哪一个选项可以去掉？

第二，优先选择临街店面。因为临街店面有一定的客流量，并且便于做大的广告宣传，方便潜在客户进入体验。

第三，楼层尽量选择在 1 ~ 4 楼之间。一般情况下，1 楼的租金相对较贵，2 ~ 4 楼还可以接受，但是更高楼层就不太好了。如果体验馆在 2 楼以上，一定要有电梯。

第四，政府牵头的创业园。这样的创业园环境好、政策好、租金价格低，且会带来较大的客流量。

第五，远离低端消费场所和娱乐场所。

第六，首选幼儿园、中小学、培训机构，以及高大上的小资场所所在地。住在这些机构或场所附近的人，家庭收入不会太低，因此这里是建体验馆的最佳位置。而且家长陪孩子来学习的时候，会逛逛周边的地方打发时间。

那么，根据以上 6 个标准，你应该大概知道答案了，那就是开发新区。

3. 体验馆面积选择

很多人错误地认为，体验馆越大代表你的实力越强。这几年，无数的学员找我说，他们开了几千平方米的体验馆，但是不盈利。

其实，真正盈利的体验馆最好控制在 600 平方米之内。这样的体验馆投资不大，几百万元的项目都能承接。其实，一般本地公司只能承接几百万元的项目，凡是比较大的项目，都会请一线城市的设计师来做。所以，你根本没有必要建那么大面积的体验馆。

4. 体验馆外立面的设计

传统公司的外立面都是公司或者店铺的名字，其实这是错误的。为什么呢？你觉得品牌重要吗？我告诉你一个现实：**品牌不等于知名度。**真正重要的是品牌要有知名度、有溢价能力。请问，在生产相同产品的情况下，你的公司品牌能不能在价格比别人高很多的情况下，让客户心甘情愿地选择呢？如果可以，那你的品牌知名度就有了。

如果你的品牌不等于知名度，那就不要再用传统的方式打门头广告，因为你在浪费一个巨大的广告机会。正确的方式是通过门头宣传你的广告语，比如"18800元，就能让你拎包入住"。你的潜在客户如果看到这个广告，是不是就可能进去看看？

如果你用传统的方式，在公司外立面挂上某某软装公司、某某软装体验馆、某某家具店等牌子，换位思考一下，你进去的欲望大吗？

5. 把传统前台和 logo 墙去掉

传统的公司、门店，在入口的地方都会做一个前台和 logo 墙。其实，当我们看到一个公司的入口是前台和 logo 墙的时候，是不会选择进去的。但是，如果做成一个软装客厅场景的体验模式，客户看到这个场景很漂亮，自然而然地就会往里走，产生进去看看的欲望。如果还能配上智能化场景，则更加生动，吸引客户的效果更好。

6. 体验馆内部功能区设置秘诀

如果做一个体验馆，应该具备哪些功能区？根据我的研究，体验馆应具备 9 大功能区。

第一，场景引流区。临街部位或前台部位要设计成场景区域，以吸引客户的注意力。

第二，信任度打造区。可以通过荣誉墙、客户见证墙、产品质量报告墙、设计师海报展示墙等来赢得客户信任。

第三，材料样板体验区。布置窗帘、壁布及其他产品等能让客户亲自感受的材料样板。

第四，样板间体验区。1∶1 还原的样板间，可以制作几种风格的样板间，但是请记住，尽量采用当下最流行的风格。

第五，开放式洽谈区。这个地方是业务接待人员接待客户的洽谈区域。

第六，设计工作室（私密）。客户通过网络成交了以后，来到线下看方案的时候，设计师与其对接就选择在私密工作室，这样更能营造良好的交谈氛围，让客户显得更有身份。

第七，会销区或者培训区。以后的体验馆会承载培训客户、指导客户的功能，所以，一个单独的会销区和培训区尤为重要。

第八，收银区。做一个像银行柜台那样的收银区，给客户的感觉会不一样。

第九，员工办公区。在空间允许的情况下，建立一个属于员工自己的办公区，会让员工有归属感。

以上 9 大功能区就是软装体验馆的基本要素，接下来就需要你合理安排了。

7. 体验馆的营销流程设计

营销流程关系到签单率，在体验馆的布局中，你要做好营销流程的规划。比如，当客户进入体验馆，会看到什么样场景，感受什么样的氛围，然后走到哪个空间实现成交。这个流程需要设计，不是设计师想怎样做就怎样做。

通过上面 7 个要点的讲解，我相信你已经对软装体验馆有一个全新的认识。

特别提醒： 你可以扫码免费加入**"重构软装行业盈利新模式研习群"**，随时在群内咨询，我都会为你解答。

扫描二维码，关注微信公众号